Johannes Grotzky
RUMÄNIEN -
UNTERGANG EINER DIKTATUR
Umsturz und Machtkampf

Johannes GROTZKY, Dr. phil. (*1949)

Studium der Slawistik, Balkanologie und Geschichte Ost- und Südost-
europas in München und Zagreb. 1983-1989 ARD-Korrespondent in
Moskau. 1989-1994 Balkankorrespondent und Leiter des ARD-Hörfunk-
studios Südosteuropa in Wien. 2002-2014 Hörfunkdirektor des Bayerischen Rundfunks. Honorarprofessor für Osteuropawissenschaften, Kultur und Medien an der Universität Bamberg.

Johannes Grotzky

RUMÄNIEN -

UNTERGANG EINER DIKTATUR

Umsturz und Machtkampf
Reportagen 1989/1990

Mit einem Rückblick
von
Peter Weber

BoD

Bibliografische Information der Deutschen Nationalbibliothek:
Die Deutsche Nationalbibliothek verzeichnet diese Publikation in der
Deutschen Nationalbibliografie; detaillierte bibliografische Daten sind im
Internet über http://dnb.d-nb.de abrufbar.

© Johannes Grotzky 2019, ²2020
Herstellung und Verlag: BoD – Books on Demand GmbH,
Norderstedt
Illustrationen: Neuer Weg, Bukarest (Nov 1989 - Jan 1990)
Umschlagentwurf: Swift Publisher
ISBN: 978-3-75041-736-6
Printed in Germany

VORWEG EIN BLICK ZURÜCK

Im Sommer 1968, also vor mehr als 50 Jahren, bereiste ich zum ersten Mal als junger Zeitungshospitant Rumänien. Mit jugendlicher Unbefangenheit fotografierte ich, was mir vor die Linse kam, suchte Kontakt zu jedem, der mit mir reden wollte oder konnte. Vom Presseamt bekam ich für einige Tage sogar einen Fahrer, einen Dolmetscher und eine riesige Tschaika-Limousine sowjetischer Bauart gestellt, damit man mich entlang der Schwarzmeer-Küste zu Neubauprojekten von riesigen Hotelanlagen brachte, die vor allem für westliche Urlauber gebaut wurden. Die so genannten „Neckermänner" kamen zu Billigurlauben nach Rumänien und gleichzeitig entwickelten sich über diese Schiene Familientreffen von Ost- und Westdeutschen an der rumänischen Schwarzmeerküste, da auch DDR-Bürger problemlos dorthin reisen durften. Meine offiziellen Begleiter von rumänischer Seite warben sogar eigens damit, dass man mit diesem Urlaub ein wenig die deutsche Teilung überwinden könne.

Es war die liberale Phase von Staats- und Parteichef Nicolae Ceaușescu. Auch im Westen wurde er geschätzt, weil er kein sklavischer Vasall Moskaus war, keine sowjetischen Truppen in Rumänien duldete, viele Jahre die Migration russischer Juden über Rumänien nach Israel ermöglichte und sich nicht an der militärischen Niederschlagung des Prager Frühlings im Herbst 1968 beteiligte.

Nicht zuletzt hatte Rumänien als erster Ostblockstaat 1967 diplomatische Beziehungen mit der Bundesrepublik Deutschland aufgenommen und nach dem Sechs-Tage-Krieg im Sommer desselben Jahres als einziges Ostblock-Land nicht die diplomatischen Beziehungen zu Israel abgebrochen.

Schließlich erhielt Ceaușescu 1971 den höchsten Orden, den die Bundesrepublik einem ausländischen Staatsoberhaupt verleihen konnte, die „Sonderstufe des Großkreuzes".

Meine ersten Reportagen über dieses Land waren dementsprechend wohlwollend, fast hoffnungsvoll mit dem Tenor, Rumänien könne der Baustein für eine Brücke zwischen Ost und West werden.

Gut 20 Jahre später kam ich als Balkankorrespondent zurück in dieses Land, dessen Lage sich dramatisch gewandelt hatte. Aus dem Hoffnungsträger Ceaușescu war – vermutlich unter dem Einfluss seiner Reisen nach China und Nordkorea und unter dem Einfluss seiner Frau Elena – ein größenwahnsinniger, despotischer Herrscher geworden.

Mein erster Visumsantrag für meine Arbeit als Journalist in Rumänien blieb zunächst unbeantwortet, doch Monate später, zum bevorstehenden XIV. Parteitag der Kommunistischen Partei Rumäniens, wurde mir die Einreise erlaubt, nachdem ich zuvor wohlmeinende Gesinnungsgespräche mit einem Botschaftsrat Manea in der rumänischen Botschaft in Wien verbracht habe.

Als ich endlich im November 1989 wieder nach Bukarest reisen durfte, herrschte am Flughafen große Nervosität. Angesichts der politischen Umbrüche in den sozialistischen Nachbarländern war der Ansturm ausländischer Journalisten auf den rumänischen Parteitag besonders groß und löste entsprechende, umfangreiche Kontrollen aus. Jedes bedruckte Papier, das wir mit uns führten, rief das Misstrauen der rumänischen Zollbeamten auf den Plan. Wie bei vielen anderen Kolleginnen und Kollegen wurden auch von mir Arbeitsunterlagen beschlagnahmt, die aus für mich unerfindlichen Gründen nicht nach Rumänien hätten eingeführt werden dürfen. Unter den konfiszierten Texten waren auch offizielle Artikel, die mir von der rumänischen Botschaft zur Vorbereitung auf die Reise mitgegeben worden waren. Natürlich war die Beschlagnahme von journalistischem Arbeitsmaterial ein Verstoß gegen die KSZE-Schlussakte von Helsinki. Aber Proteste nutzten nichts. Später entschuldigte sich ein Sprecher des Außenministeriums für den Übereifer der Zöllner mit der Begründung: Bei einer französischen Journalistin seien angeblich umstürzlerische Aufrufe gefunden worden. Doch auch der Beamte des Außenministeriums wies jeden Protest wegen der Verletzung der KSZE-Akte zurück, die freie journalistische Arbeit ermöglichen soll. Und zwar mit einem sehr interessanten Argument: Dieses internationale Übereinkommen, so der Beamte, sei durch die innerrumänischen Gesetze eingeschränkt. Und diese erlaubten nun einmal die Beschlagnahmung von Arbeitsunterlagen ausländischer Journalisten.

Natürlich wurden wir alle im damals noch neuen Hotel InterContinental untergebracht. Ich erhielt die Zusage, dass mir selbstverständlich eine Telefonleitung nach Westdeutschland zur Verfügung gestellt würde, damit ich meine Radiobeiträge für die ARD direkt aus Bukarest abschicken könne.

Schon am nächsten Tag übermittelte ich für die Morgenmagazine gegen sechs Uhr früh einen Beitrag über die inzwischen bedrückende Lage in Rumänien, über Nahrungsmittelknappheit, über die Verordnung, die Zentralheizungen staatlicher Wohnungen im Winter auf 15 Grad Celsius zu drosseln und über den allerorten sichtbaren Personenkult um Nicolae Ceauşescu. Für deutsche Hörer konnte ich besonders eindrucksvoll diesen Personenkult anhand einer Tageszeitung der deutschen Minderheit in Rumänien belegen, *Neuer Weg*, die wortgleich die wichtigsten politischen Lobeshymnen auf Ceauşescu aus der rumänischsprachigen Staatspresse veröffentlichte.

Mit einem Wort: Mein erster Bericht aus Rumänien war nicht mehr so wohlwollend, wie meine Artikel zwei Jahrzehnte zuvor.

Ich hatte allerdings unterschätzt, mit welcher Windeseile mich der lange Arm der staatlichen Zensur in Rumänien erwischen sollte. Noch bevor ich zum Frühstück ging, klingelte das Telefon. In vollendetem Deutsch rief mich ein Vertreter des Außenministeriums an, dessen Name sich lautmalerisch als „Girbia" oder „Garbia" bei mir eingeprägt hatte. In einem kommandohaften Ton befahl er mir, mich unverzüglich an der Rezeption des Hotels zu melden. Ich solle am besten gleich mit meinem Gepäck herunterkommen.

Ohne Gepäck fuhr ich den Lift herunter und als ich unten ausstieg, schoss der besagte Herr von relativ bescheidenem Wuchs direkt auf mich zu und teilte mir mit, ich müsse als Feind Rumäniens das Land sofort verlassen. Mit meinem ersten Bericht hätte ich die Gastfreundschaft verwirkt und deshalb dürfe ich nicht bleiben. Und dann folgte das Urteil: „Sie werden nie wieder ein Einreisevisum nach Rumänien bekommen."

In meiner Not griff ich nach einer halben Lüge und behauptete, der ARD sei aber im Rahmen des Parteitages ein Exklusiv-Interview von Staats- und Parteichef Ceaușescu zugesagt worden. Und da ich – wie mein Ausweis und meine Akkreditierung bewiesen – für die ARD arbeite, gelte diese Zusage auch für mich. Er möge also seine Anweisung erst mit dem Büro des Präsidenten abgleichen, sonst drohe nicht mir, sondern ihm Ungemach.

Die notwendige Dreistigkeit im Umgang mit autoritären Staatsvertretern hatte ich mir in den vorangegangenen sechs Jahren als Korrespondent in der Sowjetunion angeeignet, wo ich gelernt habe, dass man immer nur eine noch höhere Institution gegen einen subalternen Staatsdiener ausspielen muss, um ihn zu verunsichern. Allerdings hatte ich an diesem Morgen in Bukarest guten Grund zu meinem dreisten Auftritt, denn mein damaliger Fernsehkollege von der ARD, Dagobert Lindlau, hatte tatsächlich ein Interview mit Ceaușescu beantragt. Da er beste Kontakte in die oberste Führungsspitze aufgebaut hatte, galt er für die unteren Chargen als unangreifbar. Also konnte ich mich hinter seinem Namen „verstecken", was ich ihm am selben Tag natürlich gebeichtet habe. Seine Reaktion war sehr locker: Wenn es erfolgreich war, so meinte Lindlau, dann sei das gerechtfertigt. Und wir gingen einen trinken.

Jedenfalls wurde ich nicht ausgewiesen, durfte den Parteitag über in Bukarest bleiben, bekam dabei einen Platz in der Ehrenloge, in der ich mir die mehrstündige Rede von Ceaușescu in deutscher Übersetzung und die skandierenden Lobeshymnen der Genossinnen und Genossen anhören durfte.

Es sollte der letzte Parteitag des rumänischen Diktators sein. Gut fünf Wochen später war er aus seinem Amt vertrieben, zum Tode verurteilt und vor laufenden Kameras – gemeinsam mit seiner Frau – hingerichtet worden.

Der aufgebrachte Vertreter des Außenministeriums, der mich ausweisen wollte, begegnete mir Monate danach in Berlin wieder. Auf einem Podium mit dem damaligen Außenminister Genscher. Nun in der Rolle eines mutigen Vorkämpfers der Revolution für die Demokratie und gegen die Diktatur von Ceaușescu!

Begegnung zwischen Genossen Nicolae Ceaușescu und Genossen M.S. Gorbatschow

Der letzte Besuch beim großen Bruder in Moskau
Neuer Weg, 06.12.1989

In Moskau hatte Michail Gorbatschow durch seine Politik von Glasnost und Perestrojka Reformpolitik im Ostblock gefördert. Ceaușescu hingegen blieb seiner sozialistischen Linie treu und zeigte sich auch bei seinem letzten Treffen mit Gorbatschow am 05. Dezember 1989 eher abweisend. Die rumänische Presse sprach dabei von „aktuellen Probleme des sozialistischen Aufbaus", von einem „offenen Meinungsaustausch" und einer „kameradschaftlichen Atmosphäre".

Früher hätte es stattdessen geheißen „völlige Übereinstimmung" und „freundschaftliche Atmosphäre". Die Isolierung Rumänien wurde damit öffentlich.

Erklärung
der Führer Bulgariens, der Deutschen Demokratischen Republik, Polens, Ungarns und der Sowjetunion

Die Führer Bulgariens, der Deutschen Demokratischen Republik, Polens, Ungarns und der Sowjetunion, die zum Moskauer Treffen vom 4. Dezember d. J. zusammengetreten sind, haben erklärt, dass der im Jahre 1968 erfolgte Einsatz der Truppen ihrer Staaten in der Tschechoslowakischen SR eine Einmischung in die inneren Angelegenheiten der souveränen Tschechoslowakei dargestellt hat und zu verurteilen ist.

Diese ungerechtfertigten Aktionen haben den Prozess der demokratischen Erneuerung in der Tschechoslowakischen SR unterbrochen und negative Folgen auf lange Dauer gehabt. Die Geschichte hat bestätigt, wie wichtig es ist, sogar in einer äusserst komplexen internationalen Lage nur politische Mittel für die Regelung jeglicher Probleme zu verwenden, die Prinzipien der Souveränität und Unabhängigkeit in den zwischenstaatlichen Beziehungen strengstens einzuhalten.

Neuer Weg 06.12.1989

Allerdings konnte Ceaușescu bei diesem letzten Moskau-Besuch seines Lebens noch einen Trumpf ausspielen. Voller Genugtuung ließ er in Rumänien einen Text veröffentlich, in denen „die Führer Bulgariens, der Deutschen Demokratischen Republik, Polens, Ungarns und der Sowjetunion" erklären, „dass der im Juni 1968 erfolgte Einsatz der Truppen ihrer Staaten in der Tschechoslowakischen SR eine Einmischung in die inneren Angelegenheiten der souveränen Tschechoslowakei dargestellt hat und zu verurteilen ist."

Das war Ceaușescu´s letzte Ohrfeige für seine bisherigen Verbündeten. Denn Rumänien hatte sich 1968 geweigert, an der Invasion der Tschechoslowakei teilzunehmen.

Die Arbeiten der Tagung
der Grossen Nationalversammlung

Immer an seiner Seite Ehefrau Elena, praktisch die Mitregentin. Sie war so bekannt, dass die Zeitungen nicht einmal mehr ihren Namen in der Bildunterschrift oder im Titel nennen mussten. (16.12.1989)

In dieser Atmosphäre zunehmender Isolierung im eigenen sozialistischen Lager machte sich Ceaușescu mit seiner Gattin Elena auf den Weg in die Iran. Es sollte die letzte Dienstreise seines Lebens werden.

Genosse Nicolae Ceauşescu nach Iran abgereist

Auf zur letzten Dienstreise
(19.12.1989)

Unterdessen ließ mit pompösen Ergebenheitsadressen den XIV. – und wie sich zeigen sollte – letzten Parteitag der Rumänischen Kommunistischen Partei vorbereiten.

Mit der Vorberichterstattung zum Parteitag und dem Parteitag selbst setzt nun die Rückblende in diesem Buch ein. Es sind Texte meiner Berichterstattung für die Radiosender der ARD, die den Verlauf und den Versuch der Bewältigung der Revolution gegen Ceauşescu aus journalistischer Sicht nacherleben lassen.

Außerdem führt die Rückblende noch weiter in das Jahr 1990 hinein, als es um die Neukonstituierung der Macht und die Abrechnung mit dem Regime ging. Bis

17

heute herrscht freilich keine Klarheit darüber, wer die entscheidenden Kräfte dieser Revolution waren. Die Rolle des Geheimdienstes Securitate, die Rolle der Armee, die Rolle einzelner ehemaliger Parteigänger lassen sich nicht schlüssig zuordnen. Die Theorien reichen von einem aus Moskau ferngesteuerten Putsch bis zu einer spontanen Volkserhebung, von der auch die Institutionen des Staates mitgerissen wurden.

Der Nachfolger von Nicolae Ceaușescu im Amt des Staatspräsidenten, Ion Iliescu, übernahm noch während der Revolution eine führende Rolle im Machtkampf, konnte sich dann bei den ersten freien Wahlen behaupten und kehrte später noch einmal in das Amt des Staatspräsidenten zurück. Andererseits gab sich Iliescu bei allen journalistischen Begegnungen recht kryptisch über Verlauf und Drahtzieher der Revolution und verteidigte die Armee, obwohl sie teilweise gegen Demonstranten vorgegangen war.

Auch die Rolle der Securitate, des gefürchteten Geheimdienstes, wurde immer wieder neu bewertet, bis hin zu der Vermutung, dass letztlich der Geheimdienst auf Seiten der Revolution stand, obwohl viele Kampfeinheiten der Securitate für blutige Übergriffe verantwortlich gemacht wurden. Auch meine Reportagen folgen noch dem Narrativ von der „bösen Securitate", die eher gegen als für die Bevölkerung gekämpft hat und Teil des Unterdrückungsapparates war. Durch die Übernahme zahlreicher Securitate-Mitarbeiter nach der Erhebung gegen die Diktatur wurde das Schreckensbild des brutalen Geheimdienstes wieder etwas entschärft.

2018 wurde Iliescu sogar angeklagt, weil er angeblich während des Aufstandes gegen Ceaușescu den Tod von über eintausend Menschen mitverantwortet haben soll.

Allerdings steht der Strafprozess darüber noch aus. Und es ist unwahrscheinlich, dass Iliescu, Jahrgang 1930, das Ende eines solchen Prozesses noch erleben wird.

Die journalistischen Beobachtungen, die in diesem Buch[1] zusammengetragen sind, umfassen

- die Zeit des letzten Parteitages der rumänischen Kommunisten unter Nicolae Ceaușescu, seinen Sturz und seine Hinrichtung,

- die Verunsicherung des Landes durch die unklaren Rollen von Geheimdienst und Militär,

- die schnelle Konstituierung des Rats der Front zur Nationalen Rettung unter Leitung des Altkommunisten Ion Iliescu,

- den anschließenden Kampf um die Konsolidierung der Macht und die ersten Gerichtsprozesse gegen die Anhänger des Diktators,

- die aufbrechenden nationalen Konflikte mit der ungarischen Minderheit bis zu den ersten freien Wahlen im Mai 1990.

Dem folgen Überlegungen zur unvollendeten Revolution, von der bis heute nicht eindeutig geklärt ist, ob es sich um einen Volksaufstand oder um einen inszenierten Putsch gehandelt hat.

Ein aktueller Beitrag zum heutigen Rumänien schließt das diesen Teil des Buches ab, nachdem das Land – trotz zahlreicher innenpolitischer Krisen und Skandale – inzwischen als Mitglied der NATO (ab 2004) und der Europäischen Union (ab 2007) seinen neuen Platz in der internationalen Gemeinschaft gefunden hat.

---

[1] Das Kapitel „Der Sturz des Diktators" ist entnommen aus J. Grotzky, *Fremde Nachbarn. Ost- und Südosteuropa am Ende des 20. Jahrhunderts.* Norderstedt ²2012.

Die erweiterte Neuauflage ist ergänzt von einem zeitgeschichtlichen Rückblick auf die Ereignisse der Revolution in Temeswar, den Peter Weber anhand von Brief- und Zeitungsdokumenten über seine persönlichen Beziehungen nach Temeswar zusammengestellt hat. Ich danke Peter Weber, dass er seinen Beitrag für die Neuauflage dieses Buches zur Verfügung gestellt hat.

Journalisten sind immer auf die Hilfe von sach- und sprachkundigen Fachleuten angewiesen. In autoritären Staaten bedurfte es eines besonderen Vertrauensverhältnisses, um eine solche Zusammenarbeit aufzubauen. Mein politischer und sprachlicher Wegweiser durch Rumänien war und blieb Herbert Gruenwald, dessen Bildung, Vielsprachigkeit, Belastungsfähigkeit und Engagement ich mit größter Dankbarkeit für meine Korrespondentenarbeit nutzen durfte. Noch dreißig Jahre nach dem Umsturz ist Herbert Gruenwald in Bukarest für die ARD im Einsatz. Ohne ihn wäre manche Authentizität des Erlebten nicht denkbar gewesen. Für mögliche Fehleinschätzungen und Fehler in meinen Texten trage ich jedoch ganz allein die Verantwortung.

München
November 2019/März 2020

EINSTIMMUNG
Ein Land isoliert sich

Starker Beifall und Hochrufe. Ein Sprechchor skandiert: „Ceaușescu, Rumänien – unsere Achtung, unser Stolz!" - „Ceaușescu, Heldentum – Rumänien, Kommunismus!"

Was sich wie eine Regieanweisung liest, entstammt dem offiziellen Zeitungsbericht über eine Stadtparteikonferenz in Bukarest. Staats- und Parteichef Ceaușescu betreibt Wahlkampf auf Rumänisch. Mit einer Rede präsentiert er sich als Kandidat für das Amt des Generalsekretärs, das er bereits seit 24 Jahren bekleidet. Was der Parteitag der rumänischen Kommunisten zu beschließen hat, wird heute schon als Tatsache in den Schlagzeilen der Staatspresse gefeiert. Zitat: „Die Wiederwahl des Genossen Nicolae Ceaușescu in das hohe Amt des Generalsekretärs der Partei – eine historische Entscheidung des ganzen Volkes."

Heute beansprucht Rumänien, so unglaublich es klingen mag, der Vorreiter von Reformen in Osteuropa gewesen zu sein. In der Ideologie stimmt das tatsächlich. Weit vor Gorbatschow erklärte Ceaușescu, dass der Sozialismus kein Dogma ist. Die so genannte Diktatur des Proletariats bezeichnete Ceaușescu schon vor Jahren als eine veraltete politische Idee. Stattdessen wollte er einen Sozialismus auf unabhängiger, nationaler Basis errichten, der alle Bewohner des Landes miteinander vereint, um welchen Preis auch immer. Der Preis war hoch. Unter einer unglaublichen Belastung für die Bevölkerung hat Rumänien in einem Gewaltakt als einziges sozialistisches Land seine Auslandsschulden in Höhe von elf Milliarden US-Dollar zurückgezahlt. Selbst Nahrungsmittel, die dringend im eigenen Land gebraucht wurden, gingen in den Export. Energieknappheit führte auch in diesem Winter zu extremen Sparmaßnahmen bei Heizung und Strom.

Die Aufnahme neuer Geldkredite hat sich die rumänische Regierung per Gesetz selbst verboten. Statt wirtschaftlicher Reformen setzt das Land auf eine intensive Nutzung der Planwirtschaft, also auf jenes Rezept, mit dem alle umliegenden Länder Osteuropas gescheitert sind. Dennoch stemmt sich Rumänien als Hort der sozialistischen Lehre gegen alle Perestrojka-Anwandlungen in Osteuropa. Jüngst informierte die rumänische Presse ihre Leser über eine „wegweisende Darlegung des Genossen Ceaușescu", in der er seine sozialistischen Nachbarn kritisiert mit den Worten: „Unsere Partei vertritt die Ansicht, dass die Rückkehr zum Mehrparteiensystem im Sozialismus nicht nur irrig, sondern zutiefst schädlich ist, weil sie den Weg zur Wiedereinführung der anachronistischen Formen des kapitalistischen Systems eröffnet."

Rumänien dagegen sieht sich allein auf dem richtigen Weg. Doch in seinem jüngsten Bericht zeichnete Rumäniens Regierungschef Dăscălescu keinesfalls ein euphorisches Bild der heimischen Wirtschaftslage. Er mahnte Rückstände in nahezu allen Bereichen der Industrie und Landwirtschaft an. Die indirekte Sprache der Kritik und die genannten Maßnahmen zur Verbesserung klingen vertraut. Genau so schrieb die sowjetische Parteizeitung *Prawda* in der Zeit vor Gorbatschow.   (20.11.1989)

Proletarier aller Länder, vereinigt euch!

Neuer Weg

ZEITUNG DES LANDESRATES DER FRONT DER SOZIALISTISCHEN DEMOKRATIE UND EINHEIT

Bucureşti, Dienstag, 21. November 1989

Eröffnung des XIV. Parteitags der Rumänischen Kommunistischen Partei

Genosse Nicolae Ceauşescu unterbreitete den Bericht

über das gegenwärtige Stadium der Entwicklung der rumänischen sozialistischen Gesellschaft, über die Tätigkeit des Zentralkomitees zwischen dem XIII. und XIV. Parteitag, über die Durchführung der Programmdirektive für sozial-ökonomische Entwicklung im IX. Planjahrfünft und bis in die Jahre 2000—2010 im Hinblick auf die unbeirrte Erfüllung des Programms für die Schaffung der vielseitig entwickelten sozialistischen Gesellschaft und das Voranschreiten Rumäniens zum Kommunismus

Auftakt zum letzten Parteitag

23

DER LETZTE PARTEITAG
Orchestrierte Ovationen

Nicolae Ceaușescu sowie die über dreitausend Delegierten haben sich nichts geschenkt. Fünfeinhalb Stunden stand der Parteichef am Rednerpult, mehr als 120-mal unterbrochen vom Applaus, um eines festzustellen: Rumänien wird keinen Millimeter von seinem sozialistischen Weg abweichen.

Namentlich kritisierte Ceaușescu zwar kein anderes sozialistisches Land wegen der jüngsten Reformen. Doch eindeutig verurteilte er Tendenzen, im Sozialismus neue Eigentumsformen zu schaffen oder sich gar mit Arbeitslosigkeit abzufinden. „Zu Recht kann man uns kritisieren, dass wir den Reichen keine Freiheit lassen", meinte der rumänische Parteichef, „aber wir haben auch keine Armen mehr."

Ceaușescu forderte den Parteitag auf, einen Grundsatzbeschluss zu fassen, der praktisch Reformen in Richtung Marktwirtschaft verbieten soll. Unter Anspielung auf Experimente in den sozialistischen Bruderländern meinte Ceaușescu, wer jetzt dort den Weg des Sozialismus verlasse, der habe nie wirklich dem Volk gedient.

Rumänien selbst ist nach seinen Worten mit der Rückzahlung aller Auslandsschulden erstmals in der Geschichte niemandem mehr tributpflichtig. Eine Warnung richtete er an diejenigen, die im eigenen Land Verrat am

Sozialismus oder an der Souveränität Rumäniens beginnen. Sie dürften sich ihrer Verantwortung nicht entziehen.

Unter den sozialistischen Bruderländern fand Ceaușescu nur für China und Nordkorea lobende Worte und erwähnte einmal beiläufig den sowjetischen Vorschlag zur Vernichtung aller Kernwaffen bis zum Jahr 2000. Der sowjetische Gast aus Moskau, Politbüro-Mitglied Witali Worotnikow, hatte deutlich wahrnehmbar Mühe, sich der Dramaturgie des Enthusiasmus zu beugen, die auch ihn nötigte, oft nur im Abstand von wenigen Minuten an den stehenden Ovationen für Ceaușescu teilzunehmen.

Der XIV. Parteitag der RKP — der Parteitag der grossen sozialistischen Siege unseres Volkes!

Neuer Weg
ZEITUNG DES LANDESRATES DER FRONT DER SOZIALISTISCHEN DEMOKRATIE UND EINHEIT

Bucureşti, Donnerstag, 23. November 1989

Auf der Tagesordnung des hohen Forums der rumänischen Kommunisten

Fragen von grundlegender Bedeutung für die sozialistische Zukunft unseres Vaterlandes

Berechtigter patriotischer Stolz auf die grossartigen Errungenschaften unseres Volkes im sozialistischen Aufbauwerk / Völlige Zustimmung zu den Thesen und Leitlinien des von Genossen Nicolae Ceauşescu dem XIV. Parteitag der RKP unterbreiteten Berichts

Grenzenloses Vertrauen unseres ganzen Volkes in das hohe Forum der rumänischen Kommunisten	Reden der Diskussionsteilnehmer im Plenum des XIV. Parteitags der RKP	Rumäniens grosse sozialistische Errungenschaften im Ausland gewürdigt

Genosse Nicolae Ceauşescu empfing:

Den Leiter der Delegation der Kommunistischen Partei der Sowjetunion   Den Leiter der Delegation der Chinesischen Kommunistischen Partei

Unter Hinweis auf den Hitler-Stalin-Pakt 1939 hatte der rumänische Parteichef noch eine delikate Forderung parat. Solche Abkommen aus der Hitler-Zeit müssten annulliert werden. Und zwar mit allen Konsequenzen für die betroffenen Länder. Damit meinte Ceaușescu Bessarabien und die nördliche Bukowina, die zu Rumänien gehört hatten und durch den Hitler-Stalin-Pakt von der Sowjetunion annektiert wurden.

Mit derselben Logik fordern auch die baltischen Republiken ihre Unabhängigkeit von der Sowjetunion. Gleichzeitig mahnte Ceaușescu, dass Europa fast viereinhalb Jahrzehnte nach dem Zweiten Weltkrieg ohne Friedensvertrag sei. Um mögliche Fragen vorwegzunehmen – so fuhr er fort – wolle er aber klarstellen, dass die Existenz zweier deutscher Staaten in Europa eine Realität bleiben soll.

Obwohl Ceaușescu am weltweiten Sieg der sozialistischen Gesellschaftsordnung festhält, bot er dem Westen seine Zusammenarbeit an. Unter Hinweis auf die internationale Schuldenkrise in der Dritten Welt forderte Ceaușescu eine Lösung, die auch die kapitalistischen Länder als Geldgeber zufrieden stellen sollten.

Premiere auf dem Parteitag in Bukarest. Erstmals durften ausländische Korrespondenten nach eigener Wahl mit Delegierten sprechen. Das Außenministerium in Bukarest – besorgt wegen der kritischen Berichterstattung unter anderem wegen der Konfiszierung von Arbeitsmaterial der Auslandskorrespondenten bei der Einreise am Flughafen in Bukarest – ermöglichte überraschend diese ersten Anzeichen von Glasnost.

Sofica ist eine 44jährige selbstbewusste Bäuerin aus Siebenbürgen. Unvorbereitet kam sie mit Journalisten ins Gespräch und ließ sich zu einem Interview überreden. Was sie sagte, klang nicht nach angelernten Parteiphrasen. Ihr Auftritt stand in angenehmem Gegensatz zum inszenierten Applaus der Delegierten. Was ihrem kleinen Dorf mit 170 Einwohnern am meisten Sorge macht, ist die Luftverschmutzung. Eine nahe gelegene Fabrik, die giftige Gase ausstößt, arbeitet ohne Filteranlage.

BERICHT

über das gegenwärtige Stadium der rumänischen sozialistischen Gesellschaft, über die Tätigkeit des Zentralkomitees zwischen dem XIII. und XIV. Parteitag, über die Durchführung der Programmdirektive für sozial-ökonomische Entwicklung im IX. Planjahrfünft und bis in die Jahre 2000—2010 im Hinblick auf die unbeirrte Erfüllung des Programms für die Schaffung der vielseitig entwickelten sozialistischen Gesellschaft und das Voranschreiten Rumäniens zum Kommunismus

Unterbreitet von Genossen Nicolae Ceaușescu

I. Der XIV. Parteitag der Rumänischen Kommunistischen Partei, ein epochales Ereignis in der vieltausendjährigen Geschichte des rumänischen Volkes

Neun Zeitungsseiten lang ist die Rede des Parteichefs

„Unsere Menschen werden daran krank", meint sie. „Am häufigsten sind es Magen- und Lebererkrankungen." Sie selbst betreibt einen kleinen Bauernhof mit drei Schweinen, sechs Hühnern und einer Milchkuh. Ihre Versorgung ist dadurch besser gesichert als in der Hauptstadt. „Von uns arbeiten viele in der Fabrik und betreiben abends noch Landwirtschaft", erklärt sie.

Ein wenig überrascht ist Sofica, dass sich plötzlich fremde Journalisten um sie drängen. „Diese Aufmerksamkeit bin ich nicht gewohnt", sagt sie mit frappierender Ehrlichkeit und zupft ein wenig an ihrer Volkstracht aus weißem Leinen mit schwarzen Stickereien.

Zuvor noch erlebten die Journalisten auf einer Pressekonferenz, wie von offiziellen Vertretern mit berauschenden Zahlenbeispielen jongliert wurde, die weit ab von jeder Realität lagen. 120 Kilogramm Fleischverbrauch pro Kopf werde angestrebt, so hieß es. Und wörtlich: „Jede rumänische Familie hat täglich Fleisch und Butter auf dem Tisch". Die Betroffenen am Rande des Parteitages reden aber ganz anders: Fleisch und Butter seien so gut wie nie zu kaufen. Nur während des Parteitages böten die Geschäfte in der Hauptstadt überraschend mehr Waren als sonst an.

Offiziell ist auch der Energieverbrauch nicht rationiert. Wer will, kann mit Heizgeräten die geringe Fernwärme von 15 Grad Celsius anreichern. Doch beim Überschreiten einer so genannten Konsumnorm springt der Stromtarif um etwa 300 Prozent und ist für viele nicht mehr zu bezahlen.

„Jedenfalls wird jetzt nicht mehr der Strom abends abgeschaltet", meint erleichtert eine Hausfrau aus Bukarest.

Doch die Meinungsfreiheit und die Menschenrechte, so argumentieren westliche Diplomaten in Bukarest, seien auf keinen Fall so verwirklicht wie es der KSZE-Vereinbarung von Helsinki entsprechen würde. Deshalb verweigern auch dieses Mal alle westlichen Botschafter – mit Ausnahme der Türkei – einen Besuch des Parteitages der rumänischen Kommunisten.

> — Es lebe die Rumänische Kommunistische Partei — die führende politische Kraft der ganzen Nation auf dem Wege des Sozialismus und Kommunismus! (Starker, langanhaltender Beifall und Hochrufe; im Sprechchor wird gerufen: „Ceauşescu — RKP!", „Ceauşescu auf dem XIV. Parteitag wiedergewählt!")
>
> — Es lebe und gedeihe unablässig unser Volk in völliger Freiheit und Unabhängigkeit! (Starker, langanhaltender Beifall und Hochrufe; im Sprechchor wird langanhaltend gerufen: „Ceauşescu und das Volk!")
>
> — Möge unser teures Vaterland — die Sozialistische Republik Rumänien — gedeihen und immer höhere Gipfel des Fortschritts und der Zivilisation erreichen! (Starker, langanhaltender Beifall und Hochrufe; im Sprechchor wird langanhaltend gerufen: „Ceauşescu — Heldenmut, Rumänien — Kommunismus!", „Ceauşescu, Rumänien — unsere Achtung und unser Stolz!")

Der Jubel ist orchestriert, für die Medien stenografiert und wird genauso in den Zeitungen nachgedruckt

Die anspruchsvollen, Fortschritt verheißenden Redewendungen von Nicolae Ceauşescu halten der rumänischen Wirklichkeit nicht stand. Versorgungslage und Lebensstandard stellen unter den sozialistischen Ländern Osteuropa ein Schlusslicht dar. Mit welchen Hoffnungen kann ein Volk leben, für das nach Jahrzehnten der Entbehrung nahezu alle wichtigen Nahrungsmittel rationiert und auch dann noch nicht verfügbar sind. Die Flucht in einen Personenkult, wie er in Europa sonst nirgendwo noch denkbar wäre, ist kein politisches Programm. Die Losungen des rumänischen Parteitages sind zugeschnitten auf einen Mann, der es fertigbringt, Tausende von Menschen in einstudierter Dramaturgie seinen Namen unter der Anführung von Claqueuren skandieren zu lassen. Schlimmer noch: Er scheint diese Ergebenheitsadressen als etwas Normales hinzunehmen. Das Kontrastprogramm dazu liefert der eigene Sohn, zwei Reihen hinter dem herrschenden Vater. Ihn scheint die applaudierende Masse kaum zu interessieren. Langjährige Beobachter sehen trotz aller Versorgungsprobleme tatsächlich eine geringfügige Verbesserung der Versorgungslage. In einer Zeit, in der alle übrigen sozialistischen Länder den Pluralismus als Tatbestand einer menschlichen Gesellschaft akzeptieren lernen, beschwört Ceauşescu noch die Schaffung des „neuen Menschen" nach einem Ideal, das von der Wirklichkeit längst widerlegt wurde. Nichts demonstriert deutlicher als dieser Parteitag, dass es keine politische Einheit im so genannten Ostblock mehr geben kann.

Auf eine Formel gebracht, wirft Ceauşescu praktisch allen Reformern, voran dem sowjetischen Staats- und Parteichef Gorbatschow, nicht nur vor, vom rechten Weg abgewichen zu sein. Vielmehr haben solche Politiker laut Ceauşescu's Diktion nie wirklich dem Volk gedient. Eine schärfere ideologische Kriegserklärung an Moskau kann man sich kaum vorstellen.

Die Konfrontation, frei von allen Selbstzweifeln, wird nun auch mit politischen Forderungen ergänzt. Die Interessensphären, die Hitler und Stalin vereinbart haben, will Ceauşescu mit allen Konsequenzen für die betroffenen Länder annullieren.

Die Mitglieder des Politischen Exekutivkomitees des ZK der RKP

NICOLAE CEAUȘESCU
Generalsekretär der Rumänischen Kommunistischen Partei

Emil Bobu	Manea Mănescu
Elena Ceaușescu	Paul Niculescu
Lina Ciobanu	Constantin Olteanu
Ion Coman	Gheorghe Oprea
Nicolae Constantin	Gheorghe Pană
Constantin Dăscălescu	Barbu Petrescu
Ion Dincă	Dumitru Popescu
Miu Dobrescu	Ion Radu
Ludovic Fazekaș	Gheorghe Rădulescu
Ilie Matei	Ioan Totu

Gatte und Gattin im Politbüro wiedergewählt.
Ilie Matei wird später vor Gericht gestellt.
(vgl. P. Weber, S. 149)

Auch Rumänien hatte damals Teile an die Sowjetunion abtreten müssen, die Ceaușescu nun zurückfordert. Das trotzige Selbstbewusstsein eines Regenten in politisch-ideologischer Insellage verführt ihn nun zu territorialen Ansprüchen an Moskau. Den Fehdehandschuh wird man im Kreml aufnehmen müssen. Bislang waren die rumänischen Verhältnisse – trotz Glasnost – ein Tabu für die sowjetischen Massenmedien. Mit dem jüngsten Schauspiel von Bukarest dürfte ein Schlusspunkt gesetzt sein.

(20.11.1989)

31

Genosse Nicolae Ceaușescu in das hohe Amt des Generalsekretärs der Partei wiedergewählt

Neuer Weg

ZEITUNG DES LANDESRATES DER FRONT DER SOZIALISTISCHEN DEMOKRATIE UND EINHEIT

41. Jahrgang / Nr. 12.345 — Bucuresti, Samstag, 25. November 1989 — Einzelpreis: 1 Leu

Arbeiten des XIV. Parteitags der RKP wurden abgeschlossen

Durch seinen einmütigen Entscheid brachte das hohe Forum der Kommunisten den Willen des ganzen Volkes zum Ausdruck / Beschlüsse von historischer Tragweite für das unbeirrte Voranschreiten unseres Vaterlandes auf dem Wege des Sozialismus und Kommunismus

Plenum des Zentralkomitees der Rumänischen Kommunistischen Partei

Wiedergewählt und auf den Tag genau
einen Monat später hingerichtet

Zum Abschluss noch einmal eine stundenlange Rede

EMPÖRUNG ÜBER DEN WESTEN
Rumänien fühlt sich schlecht behandelt

„Man kann uns doch nicht wie eine Bananenrepublik behandeln", meint mit empörtem Unterton ein Gesprächspartner im Bukarester Außenministerium. Sein Argument: „Wir sind ein europäischer Staat mit romanischer Kultur, zeitlebens umgeben von Slawen." Und dann zitierte er Ceaușescu, der in überheblichem Nationalismus behauptete, die rumänische Nation und das römische Reich hätten sich schon gegenseitig befruchtet, als die Slawen noch nicht einmal christianisiert waren.

Diese emotionsgeladene Darstellung symbolisiert ein Leitmotiv der rumänischen Politik, die zu einer immer stärkeren Isolierung des Landes in Europa führt. Der tausendfache, rhythmische Applaus, mit dem sich Staats- und Parteichef Ceaușescu über Lautsprecher im Parlament und auf der Straße feiern lässt, zeigt die Tragik, unter der Rumänien zu leiden hat: Entfremdung von der politischen Realität, begründet mit einer Verteidigungshaltung gegenüber den unmittelbaren Nachbarn, haben zu einem nationalstaatlichen Denken geführt, dass schemenhaft patriotisch ideologisiert und dabei völlig entpolitisiert ist.

Nur so sind auch die immer heftigeren Angriffe auf die ehemaligen sozialistischen Bruderstaaten zu verstehen, die mit ihrer Reformpolitik und mehr noch durch ihren Dialog zwischen Regierung und Bevölkerung zu einer ernsten Bedrohung für das sozialistische Selbstverständnis Rumäniens geworden sind.

Der Tag ist nicht mehr weit, an dem es zu einem offenen Bruch zwischen Moskau und Bukarest kommen muss. Auf dem jüngsten Parteitag hat Nicolae Ceaușescu die jetzige Sowjetführung unter Gorbatschow nicht nur in die verdächtige Nähe von Glaubensabtrünnigen gerückt, sondern ihr auch noch Erblasten aus der Stalin-Zeit in Rechnung gestellt. Und dennoch gilt es, das Bild Rumäniens differenzierter zu zeichnen als es derzeit der Fall ist. Der empörte Gesprächspartner im Außenministerium hat Recht, wenn er bedauert, dass Rumänien an den Rand der Interessen gerückt ist und damit Geschichte, Kultur und Wissenschaft ebenfalls in den Sog des Negativbildes geraten sind. Der eigentliche Stolz der rumänischen Führung, die Rückzahlung aller Auslandsschulden, ist auch die Wunde, an der das Land politisch und wirtschaftlich leidet. Der Gewaltakt, die Milliardensummen aufzutreiben, ging zulasten der Bevölkerung. Grundnahrungsmittel sind rationiert und dennoch oft nicht verfügbar. 120 Kilogramm Fleisch sollen – so wird vom staatlichen Planungsamt behauptet – ab 1990 pro Person im Jahr zur Verfügung stehen. Aber im laufenden Jahr 1989 ist die Ration auf nur 200 Gramm Fleisch pro Monat festgeschrieben. Die Bevölkerung lernt aus dieser Kluft zwischen Wahrheit und Propaganda, dass sie unter Ceaușescu nichts Gutes mehr zu erwarten hat.

Der gigantische Bauboom, der das Zentrum von Bukarest in eine kitschige „neoklassizistische" Steinwüste verwandeln soll, ist zunächst zwar eine gigantische Leistung, zerstört aber die gewachsene Struktur der Stadt. Der zuständige Architekt steht für einen persönlichen Rundgang zur Verfügung und vergleicht den Kahlschlag und Neuaufbau mit der *Avenue des Champs-Élysées* in Paris wie er überhaupt das früher oft zitierte Bild bemüht, Bukarest sei das Paris des Ostens. Den Eindruck kann man tatsächlich in alten Villenvierteln gewinnen, wenn man über den Verfall der Bausubstanz hinwegsieht.

(27.11.1989)

Einstimmiges Ja der Kommunisten, unseres ganzen Volkes zur Wiederwahl des Genossen Nicolae Ceauşescu an die Spitze der Partei

(Auf Seite 3)

Botschaften der Freundschaft und Solidarität an den XIV. Parteitag der RKP

(Auf den Seiten 2, 4, 5, 6 und 7)

Die Arbeiten des XIV. Parteitags finden in der internationalen Presse breiten Widerhall

(Auf Seite 8)

Letzte „Siegesmeldungen"
28.11.1989.

DER STURZ DES DIKTATORS
Ein politisch-journalistisches Tagebuch

Montag, 18. Dezember 1989

Die rumänische Stadt Timişoara, auf Ungarisch Temesvár, auf Deutsch Temeswar, liegt nur 45 Kilometer von der ungarischen und der jugoslawischen Grenze entfernt. Meldungen über die dortigen Unruhen stammen ausschließlich von Reisenden, die aus Rumänien gekommen sind. Demnach hatten die ersten, zaghaften Demonstrationen am Sonntag nicht nur in Timişoara, sondern auch in der Stadt Arad begonnen, die ebenfalls ein Zentrum ungarischer Minderheiten in Rumänien ist. Zunächst sollen sich kaum mehr als einige hundert Demonstranten in verschiedenen Stadtvierteln versammelt haben. Die Sicherheitskräfte waren offensichtlich vorbereitet und griffen rasch mit Wasserwerfern ein. Während aus Arad keine weiteren Meldungen eintreffen, scheint sich die Lage in Timişoara weiter zu verschärfen. Konkrete Angaben über die Folgen der Zusammenstöße zwischen der Polizei und Demonstranten liegen jedoch noch nicht vor. Ebenso schwierig ist zu beurteilen, in welchem Ausmaß Timişoara, eine Großstadt mit etwa 350-tausend Einwohnern, von rumänischen Armee-Einheiten kontrolliert oder gar umstellt ist. Augenzeugen, die solche Berichte verbreitet haben, sind jeweils in Richtung Jugoslawien oder Richtung Ungarn ausgereist und waren kaum imstande, die strategischen Positionen um die Stadt herum vollständig zu beurteilen. Widersprüchliche Meldungen kommen aus Ungarn. Einerseits berichtete das Hauptquartier der ungarischen Grenztruppen, seit Sonntagabend sei niemand mehr aus Rumänien über die Grenze gekommen. Gleichzeitig berufen sich die ungarischen Medien aber auf solche Reisende, die über diese angeblich geschlossene Grenze ausgereist seien. Ähnlich widersprüchliche Angaben liegen derzeit auch aus Jugoslawien vor.

Von der westlichen Öffentlichkeit weitgehend unbeachtet war es bereits vor über einer Woche in Timişoara zu einer Protestkundgebung gekommen. Etwa 200 Menschen bildeten dort eine Kette, um den ungarische Pfarrer László Tökés gegen mögliche Übergriffe der Staatssicherheit zu schützen. Pfarrer László Tökés ist als Kritiker des Ceauşescu-Regimes mit Interviews in ausländischen Zeitungen aufgetreten. Aus Selbstschutz wohnt er seit einiger Zeit in einem Nebenraum seiner Kirche. Aus Sorge um das Schicksal seiner Person sollen auch die jüngsten Demonstrationen entstanden sein.

Die rumänischen Behörden scheinen sich gegen weitere Unruhen im Land bereits gerüstet zu haben. In Cluj-Napoca, auf Deutsch Klausenburg, einer Stadt in Siebenbürgen, sind Mitte letzter Woche Intellektuelle unter Hausarrest gestellt worden. Ebenfalls in der vergangenen Woche wurden die rumänischen Grenztruppen dem Innenministerium unterstellt. Beobachter gehen davon aus, dass mit diesem Schritt leichter gegen Unruhen unter der Bevölkerung vorgegangen werden kann.

In den rumänischen Grenzregionen zu Ungarn und Jugoslawien können die ausländischen Fernsehprogramme empfangen und von den dortigen nationalen Minderheiten auch verstanden werden. Innerhalb des Landes spielen ausländische Rundfunkstationen, allen voran Radio Freies Europa, eine wichtige Rolle. Man muss davon ausgehen, dass die rumänische Bevölkerung über die Reformprozesse in den umliegenden sozialistischen Ländern informiert ist, obwohl die eigenen Massenmedien diese Veränderungen weitgehend verschweigen.

***

Der rumänische Staats- und Parteichef Ceauşescu gefällt sich in Posen, die ihn als Nachfolger von Feudalherrschern und Königen seines Landes zeigen. Das unerschütterliche Selbstvertrauen in seine Regentschaft wird ihm durch einen Geheimdienst garantiert, der ebenso wie wichtige Regierungs- und Parteiämter der Kontrolle von Ceauşescu's Familienclan untersteht. Vor diesem Machtgebäude hat der rumänische Diktator ein national-ideologisches Gedankengerüst aufgebaut, das zwar der Geschichte seines Landes Hohn spricht, aber das der rumänischen Nation den Weg einer mehr als zweitausendjährigen, ununterbrochenen Geschichte zuweist, bei der selbst die Römer nur eine Statistenrolle spielen dürfen. In der Tat hat ja ein Teil des heutigen Rumäniens zum Römischen Reich gehört.

In dieser Ideologie liegt der tiefere Grund für Nationalitätenkonflikte, die in politische Konflikte umschlagen und besonders von Ungarn sehr sensibel verfolgt werden. Denn unter dem erdrückenden Geschichtsbild leiden die fast zwei Millionen Ungarn in Rumänien zusehends. Sie sind eine gewichtige Minderheit, wenn man bedenkt, dass im eigentlichen Mutterland Ungarn nur zehn Millionen

Menschen leben. Dazu kommt das Bewusstsein vieler Ungarn in Rumänien, sie seien ein territoriales Beutegut, das nach der Zerschlagung Ungarns als Ergebnis des Ersten Weltkrieges durch den Vertrag von Trianon 1920 an Rumänien „verscherbelt" worden sei.

Der latente Konflikt, der sich nun an einem oppositionellen Pfarrer ungarischer Nationalität entzündet, ist mit der Reformpolitik im Nachbarland Ungarn deutlich verschärft worden. Die Widersprüche zwischen den sozialistischen Ländern haben letztlich Ceauşescu in die Isolation getrieben, eine Isolation, die er jedoch als Bestätigung seines Weges missversteht.

Unklar ist zur Stunde immer noch, wie weit die Proteste aus Temeswar (Timişoara) und Arad auch auf die rumänische Bevölkerung übergegriffen haben. Denn erst bei einer Ausweitung der Protestbewegung auf alle Volksgruppen im Rumänien ließe sich ein wirklicher Reformprozess erzwingen. Doch nationale Zwistigkeiten zwischen Rumänen und Ungarn spielen selbst im Exil noch eine erhebliche Rolle.

Dessen ungeachtet kommt den jüngsten Unruhen eine Signalwirkung zu. Anders als vor zwei Jahren bei den Unruhen in Siebenbürgern (Transsilvanien) gibt es nun nicht nur genügend Augenzeugen, die – wenn auch widersprüchliche – Informationen liefern. Auch das politische Umfeld hat sich gewandelt. Ehemalige sozialistische Bruderländer können das rumänische Vorgehen nicht mehr totschweigen.

1987, also vor zwei Jahren, wurden in Siebenbürgen Parteibüros von der aufgebrachten Menge gestürmt. Doch Sicherheitskräfte konnten diesen Aufstand niederschlagen. Dieses Mal ist nicht ein Zentrum des Landes, sondern die Peripherie betroffen, genauer gesagt, das

Dreiländereck, wo Rumänien im spitzen Winkel mit Ungarn und Jugoslawien zusammenstößt. Die Protestbewegung in Ungarn, die sich nun in Budapest gegen das rumänische Vorgehen zu Wort meldet, wird sich nicht mit einer Niederschlagung der jüngsten Unruhen abfinden.

Dienstag, 19. Dezember 1989

Auffallend an den jüngsten Entwicklungen in Osteuropa ist die Tatsache, dass sich allein in Rumänien bislang keine organisch gewachsene Opposition zu Wort meldet. Gerade die Unruhen im Banat zeigen – soweit die spärlichen Informationen den Schluss zulassen – einen eher spontanen Ausbruch, mehrheitlich getragen von einer ungarisch-nationalen Minderheit. Eine kulturhistorische Entwicklung in Osteuropa scheint heute noch ihre Auswirkungen zu haben auf die höchst aktuelle Frage der Oppositionsbildung.

Das Beispiel Sowjetunion zeigte, dass die dortige Opposition zunächst nicht in Russland, sondern im Baltikum an gesellschaftlicher Tragfähigkeit gewann.

Der Unterschied zwischen beiden Regionen liegt wesentlich darin, dass Russland durch eine orthodoxe Kirche geprägt ist, die trotz schlimmer Verfolgungen eher staatsbejahend affirmativ als oppositionell auftrat. Im Baltikum dagegen haben die katholische und lutherische Kirche nie einen Hehl aus ihrem Widerstand gemacht. Auch in Polen und in der DDR sind die Kirchen die wichtigsten Träger und Auffangbecken oppositioneller Bewegungen gewesen. Anders dagegen im orthodoxen Bulgarien, wo der Reformprozess ebenso wie eine breite Oppositionsbewegung nur schleppend in Gang kommen.

Hier gab es erstaunliche Parallelen zu Rumänien, wo ebenfalls eine orthodoxe Nationalkirche fast 90 Prozent der Gläubigen vereint. Sowohl für den am 10. November 1989 gestürzten bulgarischen Parteichef Todor Schiwkow (Shivkov) wie auch für den noch amtierenden rumänischen Parteichef Ceaușescu war der Patriarch der jeweiligen Nationalkirche ein unverzichtbares Bindeglied zur Politik. Beide nutzten kirchliche Autorität zur Durchsetzung der Staatsräson. Hochrangige geistliche Würdenträger der rumänischen Kirche bestätigen ohne mit der Wimper zu zucken: Die Ideale ihrer Kirche deckten sich mit dem politischen Programm von Ceaușescu. Auch die Kirche sei gegen Schwangerschaftsverhütung, Abtreibung und für den Frieden. Umgekehrt kann der Besucher erleben, wie rumänische Parteifunktionäre den Priestern ergeben die Hände küssen.

Was sich hier an gegenseitiger Selbstbestätigung abspielt, wirkt unmittelbar auf die Gläubigen, die durch solches Verhalten ihrer Kirche ganz gewiss nicht im oppositionellen Gedankengut bestärkt werden. Interessanterweise liegen in all diesen orthodoxen Ländern die politisch kritischen Geistlichen mit ihren Kirchen in Konflikt statt von ihnen bestärkt zu werden. Das war in der Sowjetunion so, als Pfarrer Gleb Jakunin die Machenschaften der Breschnjew-Zeit anklagte und dafür von seiner Kirche gerügt und aus dem Verkehr gezogen wurde. Ein ähnlicher Fall ereignete sich nun in Bulgarien. Pfarrer Hristofor Sabew gehörte zu den Initiatoren einer kritischen Bewegung, die zwar nun durch die Reformpolitik bestätigt wird. Doch der Heilige Synod der orthodoxen Kirche Bulgariens hatte nichts Eiligeres zu tun, als den engagierten Kirchenmann zu verurteilen.

Ungeachtet dieser – man möchte fast sagen – kulturhistorischen Hypothek, die auch in Rumänien vorhanden ist, hat es in Rumänien oppositionelle Versuche gegeben, die fast alle im Keim erstickt wurden. Der rumänische UNO-Berichterstatter für Menschrechtsfragen Dumitru Mazilu wurde in der Heimat unter Hausarrest gestellt, weil er seine Arbeit genau nahm und sein eigenes Land mit Kritik nicht verschonte. Der langjährige Außenminister Rumäniens, Corneliu Mănescu, der mit Willy Brandt die Aufnahme diplomatischer Beziehungen zur Bundesrepublik vereinbarte, steht ebenfalls unter Arrest. Zusammen mit fünf weiteren Parteiveteranen hatte er im Januar dieses Jahres in einem offenen Brief die Politik von Staats und Parteichef Ceaușescu verurteilt. Schriftsteller und Intellektuelle stehen ebenfalls unter Hausarrest.

Das Regime duldet keine öffentliche Diskussion. Solange sich Ceaușescu auf Militär und Geheimdienst stützen kann, solange die Kirche System erhaltend schweigt und solange auch nationale Rivalitäten zwischen der ungarischen Minderheit und Rumänen fortbestehen, wird es schwer sein, eine breit angelegte Opposition in Rumänien zu organisieren.

Der Widerspruch zu den sozialistischen Ländern, die Reformwege eingeschlagen haben, hat letztlich Ceaușescu in die Isolation getrieben, eine Isolation, die er jedoch als Bestätigung seines Weges missversteht. Unklar ist zur Stunde immer noch, wie weit die Proteste aus Temeswar und Arad auch auf die rumänische Bevölkerung übergegriffen haben. Denn erst bei einer – wenn man so will – Internationalisierung der Protestbewegung ließe sich auch politisches Kapital für einen wirklichen Reformprozess in Rumänien erzwingen. Doch nationale Zwistigkeiten zwischen Rumänen und Ungarn spielen selbst im Exil noch eine erhebliche Rolle. Dessen ungeachtet kommt den jüngsten Unruhen eine Signalwirkung für Rumänien zu.

Mittwoch/Donnerstag,
20./21. Dezember 1989

Die Fassade bricht zusammen. Der jahrelang einstudierte rhythmische Applaus der Massen schlägt um in schrille Protestschreie. Rumäniens diktatorisches Ehepaar Elena und Nicolae Ceaușescu werden die wahre Welt um sich herum nicht mehr verstehen. Sie leben bis zuletzt in einer Scheinwelt, die jedem Mindestmaß an politischer Moral widerspricht. Mit selbstherrlichen Feiern hatte sich Ceaușescu erst jüngst wieder im Amt des Parteichefs bestätigen lassen.

Ein Musterbeispiel totalitärer Regie ließ jedem kritischen Besucher den Atem stocken. Denn das Schlimmste an den Jubelfeiern war die Tatsache, dass der rumänische Staats- und Parteichef sein Anrecht auf Personenkult als selbstverständliche Voraussetzung für das Wohlergehen des Landes missverstand. Sein nächster öffentlicher Auftritt nun, die jüngste Fernsehansprache, mit der er auf die Demonstrationen im Land reagieren wollte, hat gezeigt, dass die Massaker von Temeswar das herrschaftliche Selbstverständnis von Nicolae Ceaușescu nicht beeinträchtigen konnten. Gewissermaßen als Kronzeugen seiner Anklage gegen so genannte Rowdies und faschistische Elemente hatte der rumänische Staats- und Parteichef seine Führungsspitze hinter sich aufgereiht, während er mit seiner typisch gebrochenen Stimme verbale Tiraden vor der Fernsehkamera vom Blatt las.

Letzter Staatsbesuch im Ausland.
Am Tag der Rückkehr, 21.12.1989, wurde Ceauşescu gestürzt.

Ceaușescu lebt in dem Wahn, dass die Bevölkerung seines Landes keinen Anlass hat, aus eigenem Antrieb gegen die Unterdrückung zu kämpfen. Was dieser Rede in jeder Zeile fehlte, war auch nur der kleinste Versuch, damit eine Konfliktbegrenzung im Land einzuleiten.

Eine Armee, deren Erstschlag gegen die Bevölkerung als Selbstschutz deklariert wird, muss sich nicht nur bestätigt, sondern im weiteren Vorgehen bestärkt fühlen. Deshalb musste der Konflikt auch weiter eskalieren. Deshalb musste die angeordnete Jubeldemonstration von Bukarest in ihr Gegenteil umschlagen, mit allen tragischen Konsequenzen. Die national-ideologische Geschichtsklitterung des rumänischen Führers und sein gnadenlos selbstgerechtes Machtempfinden werden nur noch durch seinen Altersstarrsinn verschlimmert.

Doch die Verantwortung vor der Geschichte trägt Ceaușescu nicht allein. Während seiner jüngsten verhängnisvollen wie verständnislosen Auftritte stand hinter ihm seine Ehefrau Elena, deren Statthaltertum in den letzten Tagen für den Einsatz des Militärs mitverantwortlich war. Mehr noch: Sie hat sich zunehmend zum Inspirator der unseligen Politik entwickelt. Bislang ließ der strenge Zugriff der Staatssicherheit glauben, nichts könne auf absehbare Zeit das Reich der beiden Ceaușescus erschüttern.

Die Bevölkerung lehrt nun Europa das Gegenteil. Die Stunde Null für den Wechsel kommt schneller als erwartet. Doch Ceaușescu lässt einen friedlichen Wandel nicht zu. Sein Clan wird bis zuletzt zum Kampf gegen das Volk aufrufen, und das erniedrigte Volk wird sich dafür später bitter rächen.

Freitag, 22. Dezember 1989

Erregende Szenen im rumänischen Fernsehen: In einer Direktübertragung wurde die Öffentlichkeit drei Stunden lang live über den Umsturz und die Verfolgungsjagd des flüchtigen Parteichefs Ceaușescu informiert. Die Nachbarländer Bulgarien und Jugoslawien übernahmen das Programm. Auf den Straßen von Bukarest jubeln die Menschen. In ihren Händen schwingen sie Nationalfahnen, aus denen der Stern als Symbol der sozialistischen Herrschaft herausgeschnitten wurde. Dennoch beherrscht Unsicherheit das Land. Widersprüchliche Meldungen berichteten zuerst von der Verhaftung und dann wieder von der Befreiung des Diktators Ceaușescu. Nach den bisherigen Schilderungen hat das Ehepaar Ceaușescu mit einem Hubschrauber die Hauptstadt verlassen, wurde dann aber auf einem Flughafen gesichtet. Von dort flüchteten die beiden in einem Personenwagen. Eine genaue Beschreibung des Wagens und das Kennzeichen wurden über Funk und Fernsehen der Bevölkerung bekannt gegeben. Während über das weitere Schicksal des Diktators zunächst widersprüchliche Meldungen vorlagen, gab später ein Sprecher des Komitees für die Rettung des Vaterlandes bekannt, Ceaușescu und seine Frau Elena seien 70 Kilometer nordwestlich von Bukarest von der Armee verhaftet worden. Auch deren Sohn Nico, Parteichef von Sibiu, zu Deutsch Hermannstadt, ist bereits im Gewahrsam der Armee. In Sibiu selbst wie auch in anderen Landesteilen kämpfen Verbände von Polizei und Armee gegeneinander. Außerdem wird von weiteren Massakern an der Bevölkerung berichtet. Augenzeugen schilderten, dass ein erstes Massengrab der jüngsten Unruhen von Temeswar gefunden wurde, in dem über 630 Menschen liegen sollen.

Über das Fernsehen, das in der Zwischenzeit zu einer Art Leitstelle für den Umsturz geworden ist, wurde die Bevölkerung gewarnt, dass vereinzelt im Land das Trinkwasser vergiftet sein soll. Während im Inneren Rumäniens Zustände herrschen, die in einen Bürgerkrieg umzuschlagen drohen, wird von Jubelfeiern an den ungarischen und jugoslawischen Grenzübergängen berichtet. In beiden Grenzbereichen leben auf rumänischer Seite Minderheiten aus den Nachbarstaaten.

Unterdessen hat sich der neue Regierungschef Cornelia Mănescu mit einer Rede an die Bevölkerung gewandt. Er versprach ein Sofortprogramm, um die Lebensmittel- und Energieversorgung zu sichern. Der frühere Außenminister Mănescu hatte Anfang des Jahres zusammen mit fünf weiteren ehemaligen hohen Politikern einen offenen Brief unterzeichnet, in dem Ceaușescu für den Ruin des Landes verantwortlich gemacht wurde. Seither war der jetzige Regierungschef unter Hausarrest gestellt worden.

Unklar blieb zunächst ein Aufruf des staatlichen Fernsehens. In einem dramatischen Appell an das Militär bat ein Sprecher um Schutz vor heranziehenden Polizeitruppen, die offensichtlich den Sender unter ihre Kontrolle bringen wollten. Daraufhin wurden die Sendungen kurzfristig unterbrochen. Inzwischen hat das Fernsehen seine Sendungen wiederaufgenommen. Die rumänische Nachrichtenagentur AGERPRES (Agenția Națională de Presă) gab bekannt, dass ab sofort die Zensur abgeschafft sei.

Der Ceaușescu-Clan kann seine Macht nicht unblutig aus der Hand geben. Anders als in den übrigen sozialistischen Ländern hat Rumänien bereits vor mehr als zwanzig

Jahren einen Sonderweg eingeschlagen, der sich entscheidend auf die innere Machtstruktur des Landes ausgewirkt hat. Die ersten beiden Verfassungen hatten sich noch eng an das sowjetische Vorbild angelegt. Doch schon 1965 strich Rumänien aus seiner neuen Verfassung den früheren Hinweis auf die Freundschaft mit der Sowjetunion und widersetzte sich Integrationsbemühungen im Bereich des COMECON, dem Rat für gegenseitige Wirtschaftshilfe der sozialistischen Länder. Bereits 1958 hatten die letzten sowjetischen Truppen Rumänien verlassen, während in allen übrigen Warschauer Pakt Staaten die Sowjetunion militärisch präsent blieb. Der Westen lobte die nationale Unabhängigkeit des Landes, ohne zwei Dinge voraussehen zu können:

- Erstens baute Ceauşescu unter diesem Deckmantel seine Familienherrschaft auf und installierte mehr als fünfzig enge Verwandte in der Partei- und Regierungsspitze; darunter auch seinen Bruder Ilije als Politkommissar der Armee. Er dürfte wesentlich die Verantwortung für die Massaker tragen, die nun auf den Verteidigungsminister Vasile Milea abgeschoben werden, der inzwischen Selbstmord begangen haben soll.

- Zweitens konnte der Westen nicht voraussehen, dass durch die Sowjetunion ein Reformdruck entsteht, dem sich Rumänien – eben wegen seiner Sonderrolle im Gegensatz zu den übrigen sozialistischen Ländern – widersetzen musste.

Als einschneidende Maßnahme gegen Unruhen im Land hatte die rumänische Führung bereits vor zwei Jahren die Bergbau-Region in den Südkarpaten unter militärische Verwaltung gestellt. Dort herrschte praktisch ein Ausnahmezustand, der nun über das ganze Land verhängt worden ist. Streiks wären dort einer Verweigerung des Militärdienstes gleichgekommen. Auf der anderen Seite nutzte Rumänien jedoch große Massen von Soldaten beim Aufbau der heimischen Wirtschaft. Als Baubrigaden schaufelten sie Kanäle und legten Straßentrassen an. Die rein militärische Ausbildung wurde zugunsten solcher Arbeitseinsätze vernachlässigt.

Ceauşescu festgenommen

Wie Ion Iliescu von Seiten des Rates der Front der Nationalen Rettung in einer Fernsehsendung mitteilte, sind Nicolae Ceauşescu und Elena Ceauşescu festgenommen worden. Sie werden sich in einem Gerichtsverfahren für ihre Handlungen verantworten müssen.

Festgenommen am 22.12.1989
Meldung vom 24.12.1989

Fachleute sehen darin auch den wichtigsten Grund, dass sich vor allem junge Soldaten schnell mit den Demonstranten verbrüdern, weil ihr militärischer Alltag identisch ist mit dem Arbeitsalltag der aufbegehrenden Bevölkerung. In dieser Situation gibt es für die Ceauşescu-Herrschaft keinen politischen Ausweg. Die letzten Verbündeten China und Nordkorea sitzen zu weit entfernt. Nach einer möglicherweise langen, blutigen Auseinandersetzung könnte sich Ceauşescu selbst mit einem kleinen Teil seiner Sippschaft in ein Exil retten. Doch die Starrsinnigkeit des Diktators lässt eher darauf schließen, dass er zusammen mit seiner politischen Scheinwelt in Rumänien selbst untergehen wird.

Freitag, 22. Dezember 1989,
abends

Die Scheinwelt von Nicolae Ceauşescu existiert nicht mehr. Bis zuletzt hatte der Diktator im falschen Glauben an die Autorität der persönlichen Macht versucht, den Erosionsprozess seiner Herrschaft zu stoppen. Doch weder Militärs noch der Ausnahmezustand, weder die Toten auf den Straßen des Landes noch die internen Schuldzuweisungen haben es vermocht, den Diktator vor seinem Sturz zu bewahren. Eher gilt die Umkehrung: genau diesen Umständen haben den Diktator von der Macht vertrieben.

Gerade das unrühmliche Ende des Clans zeigt, wie weit sich Ceauşescu von der Wirklichkeit entfernt hatte. Sein anklagender Auftritt im Fernsehen, mit dem er so genannte faschistische Elemente geißelte, war die makabre Vision eines Machthabers, der sich im eigenen Land nicht mehr auskannte. Dies ist keine Entschuldigung, sondern genau dies ist der Vorwurf, der an Ceauşescu zu richten ist. Bei der politischen Bewertung der abgelaufenen Ära müssen sich Ost und West gleichermaßen kritische Fragen gefallen lassen. Denn jahrelang wurde das Regime in Rumänien vom Westen mit dem Attribut der Unabhängigkeit hoch gelobt. Selbst der amerikanische Präsident Bush schloss vor fünf Jahren seinen Besuch in Rumänien mit der Feststellung, dies sei eines der „guten" sozialistischen Länder, und er gab Rumänien das Prädikat „besonders förderungswürdig". Auch der Osten, nicht zuletzt die Sowjetunion, scheute den Konflikt mit dem eigenwilligen Nachbarn. Warschauer Pakt und COMECON als Bindemittel der Integration reichten aber nicht aus, um Rumänien vor dem absurden Sonderweg seines Diktators zu bewahren. Mit Kopfschütteln musste man feststellen, dass die Sowjetunion den Herrscher in Bukarest 1988 noch zu seinem siebzigsten Geburtstag erneut mit einem Leninorden auszeichnete, obwohl Moskau die Lage in Rumänien bereits als negativen Sonderfall eingestuft hatte.

Unter dem Deckmantel des Sozialismus und der östlichen Staatengemeinschaft blieb aber nur noch das Gerippe einer Geistermacht, die sich auf Schrecken und Terror stützte. Dass dennoch die Armee zu weiten Teilen übergelaufen ist, liegt in einer für Rumänien spezifischen Situation. Große Teile der Armee dienen als Arbeits- und Bautrupps, um die heimische Wirtschaft zu stützen. Jetzt zeigte sich die Kehrseite, nämlich die Solidarität mit den Demonstranten auf den Straßen, deren tägliches Arbeitsschicksal die Soldaten gleichermaßen teilten. Nicht zuletzt der Selbstmord - oder war es gar Mord? - des Verteidigungsministers dürfte ein Signal an die Armee zum Umsturz gewesen sein. Angesichts der dramatischen und tragischen Entwicklung, die nun in der Befreiung eines ganzen Volkes zu münden scheint, sind zwei wichtige Überlegungen vorrangig angebracht:

Erstens müssen die Fragen der politischen Verantwortung und der politischen Weiterentwicklung für Rumänien geklärt werden. Dies ist ausschließlich ein Anliegen der Rumänen selbst. Einmischung von außen, auch gut gemeinte Ratschläge wären hier falsch angebracht.

Zweitens jedoch muss das Land seine wirtschaftliche Not überwinden, die Lebensmittellage verbessern und langfristig die veraltete Technologiestruktur sowie die überzentralisierte Planwirtschaft ersetzen. Hierfür ist ein Hilfsangebot aller europäischen Nachbarstaaten der geeignete Weg, Unterstützung mit politischer Solidarität zu verbinden. Gerade angesichts der Entwicklung zwischen Ost und West könnte Rumänien als Beispiel für eine neue, diesmal aber positive Sonderrolle gelten. Die Europäische Gemeinschaft, großzügig in ihrer wirtschaftlichen Hilfe für Reformländer, sollte die Gelegenheit nutzen, zusammen mit dem RGW nach einem gemeinsamen Notprogramm zu suchen, das man Rumänien anbieten könnte. Auch wenn die RGW-Länder selbst unter großen Schwierigkeiten leiden, sollte hier ein Signal gesetzt werden, das als Ausgangspunkt für wirkliche Zusammenarbeit zwischen Ost und West dienen könnte. Doch ungeachtet solcher Überlegungen, die sich mehr an der Praktikabilität als an politischen Idealen orientieren werden, gibt es einen Komplex, der auch in der Ära nach Ceauşescu eine bedeutende Rolle für das Land spielen wird. Der Funke des Volksaufstandes ist von Temeswar übergesprungen auf das Land. Die ungarische Minderheit hatte entscheidenden Anteil an diesem Prozess. Wer sich leidenschaftslos mit dem Zusammenleben der Völker in Rumänien beschäftigt, wird aber feststellen, dass gerade die zwischennationalen Beziehungen systemunabhängig von einer eigenen historischen Qualität belastet sind. Egal ob im Exil oder zu Hause, das Verhältnis zwischen Ungarn und Rumänen wirft immer wieder ungeklärte Fragen auf. Dies lässt sich auch in Zukunft nicht vermeiden. Hier muss Rumänien eine Lösung finden, die dem neuen Freiheitsverständnis von Osteuropa angemessen ist und die nationalen Bedürfnisse aller miteinander lebenden Völker innerhalb des Landes berücksichtigt.

Bürgerkriegsähnliche Kämpfe live im rumänischen Fernsehen. Der Sender arbeitet nahezu ununterbrochen. Über die Landesgrenzen hinweg wird die Öffentlichkeit Zeuge einer Kraftprobe zwischen der Armee und den Ceaușescu treuen Kommandos des Geheimdienstes Securitate. Das Funkhaus hat sich zu einem Zentrum der provisorischen Regierung entwickelt. Über den Bildschirm hält das Komitee zur Nationalen Rettung Kontakt mit der Bevölkerung. Von hier stammen auch die teilweise widersprüchlichen Meldungen über Flucht, Verhaftung und neuerliche Flucht des Diktators Ceaușescu. Inzwischen gab ein Sprecher des Komitees bekannt, Ceaușescu und seine Ehefrau Elena seien nun gefasst worden und befänden sich im Gewahrsam der Armee. Bislang war nur deren Sohn Nicu verhaftet und im Fernsehen vorgeführt worden. Zusammen mit Ceaușescu soll auch sein Bruder Ilije festgenommen worden sein, der als Politkommissar der Armee wesentlich für die jüngsten Massaker in Rumänien mitverantwortlich ist. Die Armee, die nun auf Seiten der neuen Regierung steht, hatte den Ex-Innenminister, den Chef der Geheimdiensttruppen und den stellvertretenden Ministerpräsidenten in ihre Gewalt gebracht. Im Namen des ehemaligen Innenministers veröffentlichte der rumänische Rundfunk einen Appell an die kämpfenden Sondertruppen, die sich teilweise im Regierungspalast von Bukarest verschanzt haben. In diesem Appell werden die Geheimdiensttruppen aufgefordert, sofort ihren sinnlosen Widerstand einzustellen und sich zu ergeben. Wörtlich heißt es: „Denkt an eure Kinder und Familien. Nur auf diese Weise könnt ihr von der Milde des Gesetzes profitieren." Doch angesichts der Grausamkeiten, die von den Truppen der Securitate begangen wurden, scheint die rumänische Bevölkerung kaum geneigt, Milde walten zu lassen. Erschütternde Berichte legen nahe, dass zu Beginn des Aufstands in Temeswar auch größere Gruppen von Kindern im Alter zwischen vier und 12 Jahren von den Maschinengewehren der Geheimdienstkommandos niedergemetzelt worden sein sollen. Derweil wird in mehreren Orten des Landes weitergekämpft. Abgesandte aus verschiedenen Städten melden sich mit Lageberichten im Fernsehen zu Wort. Demnach leisten die Geheimdiensttruppen teilweise erbitterten Widerstand.

In der rumänischen Hauptstadt Bukarest dagegen sind die Auseinandersetzungen zwischen Armee und Geheimdiensttruppen deutlich zurückgegangen.

Angesichts der immer noch explosiven Lage in Rumänien wollen sich die Außenminister des Warschauer Paktes bereits am morgigen Sonntag in der ungarischen Hauptstadt Budapest zu Beratungen treffen.

Der ungarische Außenminister Horn bestätigte in diesem Zusammenhang, dass seine Regierung mit Moskau wegen der Entwicklung in Rumänien ständigen Kontakt halte. In Rumänien selbst war bereits darüber spekuliert worden, wie weit die verbündeten Staaten des Warschauer Paktes der neuen provisorischen Regierung zur Hilfe eilen könnten.

Neuer Weg

TAGESZEITUNG FÜR POLITIK, WIRTSCHAFT, GESELLSCHAFT UND KULTUR

Bukarest, Sonntag, 24. Dezember 1989

Einzelpreis: 50 Bani

Ein überragender historischer Sieg des rumänischen Volkes
Ruhm dem freien Vaterland und seinen heldenhaften Menschen

Kommuniqué des Rates der Front der Nationalen Rettung an das Land

Ein frohes Fest!

Arbeit, auf die es jetzt ankommt
Von Willi Patoczanik

Nach der längsten Nacht
Notizen eines Zeitungsmannes, der in seinem 41. Arbeitsjahr eine Berufspremiere erlebt / Von Ewald Zieeler

---

Erste Zeitungsseite nach der Vertreibung von Ceaușescu

56

Sonntag, 24. Dezember 1989

Während sie sich in Temeswar Teile der Geheimdiensttruppen Securitate ergeben haben, sind in der rumänischen Hauptstadt Bukarest die Kämpfe erneut aufgeflammt. Der Sendebetrieb des rumänischen Fernsehens musste zwischenzeitlich eingestellt werden, nachdem das Feuer auf das Funkhaus eröffnet worden war. Über den Bildschirm hält die provisorische Regierung Kontakt zur Bevölkerung. Deshalb versuchte die Securitate mehrfach, den Sender zu stürmen und drang bereits in die Gänge der Studios vor.

Die neuerlichen Zusammenstöße haben nach jüngsten Angaben während der letzten beiden Tage in Bukarest zahlreiche Menschen das Leben gekostet. Unklar ist die Lage im Grenzgebiet. Die Nachbarländer Ungarn und Bulgarien haben die Grenzübergänge vorerst wieder geschlossen. Transporte mit Hilfsgütern werden aus Sicherheitsgründen nicht in das Land gelassen. Unklar ist ebenfalls, wie weit Anhänger des gestürzten Diktators vor allem in der Provinz Widerstand leisten.

Ceaușescu selbst befindet sich nach Angaben der Übergangsregierung zusammen mit mehreren Familienangehörigen in Haft und soll vor Gericht gestellt werden.

Als eine der letzten Bastionen hat sich die orthodoxe Kirche nun von dem Diktator losgesagt und in einem öffentlichen Bekenntnis Selbstkritik geübt. Der rumänisch-orthodoxe Patriarch Teoctist I. hatte noch vor wenigen Tagen eine Ergebenheitsadresse an Ceaușescu veröffentlicht.

Montag, 25. Dezember 1989,
morgens

In Bukarest hat sich die Lage allmählich etwas beruhigt. Einzelne Geschäfte haben sogar wieder geöffnet, einige Buslinien haben den Betrieb wiederaufgenommen. Allerdings verüben Angehörige des Geheimdienstes immer noch partisanenartige Überfälle auf die Bevölkerung. Der internationale Flughafen der rumänischen Hauptstadt ist inzwischen für Hilfsflüge des Roten Kreuzes geöffnet worden. Als Ausweichmöglichkeit dient jedoch weiterhin ein Flughafen in der bulgarischen Stadt Varna am Schwarzen Meer. Von dort versuchen Ärzteteams auf dem Landweg Bukarest zu erreichen. Über die Zahl der Toten und Verletzten gibt es keine genauen Angaben. Der rumänische Gesundheitsminister hält die Zahl von siebzigtausend Toten im Land jedoch für weit überhöht.

Über das Schicksal des verhafteten Diktators Ceaușescu ist nur bekannt, dass er sich zusammen mit dem größten Teil des Politbüros in den Händen der Armee befindet und vor Gericht gestellt werden soll. Wie der Bukarester Rundfunk berichtete, wurden in der Wohnung von Ceaușescu Juwelen und Gold im Wert von einhunderttausend Dollar gefunden. Neben dem Diktator sind auch seine Frau Elena, seine Tochter Zoia sowie einer seiner Söhne, Nicu, in Haft. Die greise Schwiegermutter des Diktators ist denselben Quellen zufolge völlig ausgezehrt im Präsidentenpalast gefunden und in ein Krankenhaus eingeliefert worden. Der Sprecher des Komitees für Nationale Rettung, Ion Iliescu, bestätigte unterdessen, dass die rumänische Übergangsregierung ständig mit dem Moskauer Außenministerium Kontakt halte und eine Militärintervention zugunsten der neuen Regierung nicht mehr für nötig erachte.

In einem Raubritterschloss

Bukarest (Agerpres). — Am Bukarester Primäverii-Boulevard, der zwar ein öffentlicher Verkehrsweg ist, doch von den gewöhnlichen Bürgern Rumäniens bis zum Mittag des 22. Dezember 1989 nicht betreten werden durfte, liegt der Palast, wo der Mensch wohnte, der bis vor wenigen Tagen das Recht für Erziehung in Beschlag nahm, den Willen, die Würde und die Freiheit eines ganzen Volkes mit den Füssen trat, ja sogar ohne Scham einer ganzen Epoche seinen Namen geben wollte: Nicolae Ceauşescu.

Wenn man eintritt, fällt der Blick auf eine Fotomontage in vergoldetem Rahmen. In der Mitte befindet sich das Porträt der Poliana Cristescu, welche zeitweilig die Konkubine des Nicuşor war, aber seit mehreren Jahren als oberste Verantwortliche für die Erziehung der Pioniere auftritt. Aus der linken oberen Ecke lächelt Sohn Valentin dem Besucher zu. Daneben Fotos von verschiedenen Verwandten, die weniger im Vordergrund standen.

Im „Schachsaal", in den Badezimmern, Schlafzimmern, Tagesräumen herrscht ein aussergewöhnlicher Luxus. Die Wände sind mit Seide und anderen kostbaren Stoffen tapeziert. Die Decke wird durch hölzerne Balken verziert. Durch die halboffene Tür eines Kleiderschranks sieht man Pelze aus den Fellen von Tieren, die in allen zivilisierten Ländern gesetzlich geschützt sind. Zahlreiche Bilder mit hohem künstlerischem Wert schmücken die Wände.

Die Bürger der Hauptstadt, die sich als Garden für den Schutz des Kulturguts konstituiert haben, nahmen den Palast in ihre Obhut und bemühten sich zu verhindern, dass Güter von grossem Wert, die ja Eigentum des Volkes sind, beschädigt werden.

Wo der Weg aus dem Palast in den Garten führt, stand ein Bürger, der ein Mitglied des Hauses zu sein schien. Es war der Verwalter, der Mann, der für die Wachmannschaften verantwortete. Es wäre schwer zu sagen, wie er seine Pflicht am Vortag erfüllt hat, doch am Freitag, dem 22. Dezember, hat er bis zur Bildung der oben genannten Garden, die aus Werktätigen der Hauptstadt bestehen, keinen Finger gerührt, damit all die Schätze, die dem Volk gehören, unversehrt übernommen werden.

Bericht über den Protzpalast des Diktators
im Herzen von Bukarest
(24.12.1989)

Seit Mittag werden nur noch vereinzelte partisanenartige Überfälle der Geheimdiensttruppen der Securitate gemeldet. In der Nacht hatte eine Eliteeinheit den Hauptbahnhof in Bukarest angegriffen. Nach Aussagen der provisorischen Regierung hat die Armee jedoch die Lage vor allem im Zentrum der Stadt weitgehend unter Kontrolle.

In einer ersten Bilanz wird von nahezu 70-tausend Toten und 300-tausend Verletzten gesprochen, die ein Opfer der bürgerkriegsähnlichen Kämpfe in Rumänien geworden sein sollen. Doch solche Zahlenangaben lassen sich weder überprüfen noch bestätigen. Nachdem auch die rumänisch-orthodoxe Nationalkirche auf die Seite der provisorischen Regierung übergeschwenkt ist, hat Patriarch Teoctist I. den gestürzten Diktator in einem Gottesdienst als Schüler von Herodes bezeichnet, der den Kindermord angeordnet habe. Noch am Tag, als der Sturz von Ceauşescu begann, hatte die Kirche eine Ergebenheitsadresse an den Diktator veröffentlicht.

Katastrophal ist weiterhin die medizinische Versorgung. Allerdings treffen jetzt zunehmend Hilfslieferungen in Rumänien ein, die teilweise als Lastwagenkonvois durch das Land geleitet werden. In einer ersten Verfügung hat die Übergangsregierung die problemlose Einfuhr der Hilfsgüter veranlasst. Ferner wurde ab sofort verboten, Lebensmittel aus Rumänien auszuführen. Bislang hatten ganze Zweige der Lebensmittelindustrie nur für den Export gearbeitet, während die Menschen im Land selbst teilweise hungerten.

400 Millionen auf Konten in den Zürcher Banken

Genf (Agerpres). — Die Familie des am Freitag von der Macht gestürzten rumänischen Diktators Ceauşescu verfügt in den Zürcher Banken über 400 Millionen Dollar in Gold, während Rumänien in den Schweizer Banken offiziell nur über 70 Millionen Dollar verfügt, schreibt die Zeitung „Tribune de Genève", auf die sich die Nachrichtenagentur France Presse und EFE berufen.

Wie die Zeitung weiterhin berichtet, haben sich Exilrumänen in der Schweiz an den sozialistischen Abgeordneten Moritz Leuenberger appelliert, die Schweizer Bank und den Bundesrat (die Regierung des Landes) aufzufordern, diese Fonds blockieren zu lassen. Demzufolge hat der sozialistische Abgeordnete ein vorläufiges Ansuchen in Unterstützung dieser Bitte an die juristischen Behörden gerichtet, bis eine entsprechende Forderung durch die rumänische Regierung gestellt wird.

Der Abgeordnete hat die selbe Methode verwendet, um die Blockirung des Vermögens des philippinischen Diktators Ferdinand Marcos zu erwirken.

Die angeblichen Schweizer Millionen der Ceauşescus
(24.12.1989)

61

Nach den erschütternden Einzelheiten über den Fund der Massengräber in Timişoara/Temesvár/Temeswar wird dort von erneuten Massakern berichtet, denen möglicherweise wiederum tausende Menschen zum Opfer gefallen sein könnten.

Über Temeswar sollen die Geheimdiensttruppen teilweise mit Fallschirmjägern abgesprungen sein und unter der Bevölkerung gewütet haben. Ungeachtet der anhaltenden Kämpfe in Rumänien hatte die provisorische Übergangsregierung bereits wichtige Punkte ihres Programms im Fernsehen vorgestellt. Dazu gehört auch die Abschaffung des Namenszusatzes *Sozialistische Republik* sowie ein Ende der führenden Rolle der Kommunistischen Partei. Gleichwohl will die neue Regierung die Verpflichtungen im Warschauer Pakt erfüllen. Unklar bleibt bis zur Stunde das Schicksal des gestürzten Staats- und Parteichef Ceauşescu und seiner Frau. Die Meldungen über Flucht, Verhaftung, neuerliche Flucht und einer weiteren Verhaftung widersprechen sich zum Teil. Nachweislich befindet sich jedoch der Sohn des Diktators, Nico, in den Händen der Armee. Der Ceauşescu-Sohn war am Abend im rumänischen Fernsehen vorgeführt worden, wobei er mit sichtbaren Schockwirkungen wortlos eine Zeit lang in die Kamera geblickt hatte, ehe er wieder abgeführt wurde.

Montag, 25. Dezember 1989,
abends

Mit der Hinrichtung von Nicolae Ceauşescu und seiner Frau Elena ist ein Schlussstrich unter die 24-jährige Parteiherrschaft des Diktators gezogen worden. In einem offiziellen Kommuniqué der rumänischen Nachrichtenagentur AGERPRES werden als Anklagepunkte gegen das Ehepaar unter anderem genannt: Völkermord an über sechzigtausend Menschen, die im Zusammenhang mit den Unruhen ums Leben gekommen sind; ferner wurde ihnen die Unterwanderung des Staates sowie die Zerstörung der Volkswirtschaft vorgeworfen. Auch der Fluchtversuch und die Tatsache, dass die Ceaușescus eine Milliarde Dollar aus dem Land geschafft haben sollen, waren in die Anklageschrift mit aufgenommen.

Für diese – wie es heißt – schweren Verbrechen gegen das rumänische Volk wurden die Angeklagten zum Tode verurteilt.

Bei Bekanntgabe des geheimen Militärtribunals gegen das diktatorische Ehepaar in Funk und Fernsehen war das Urteil *Tod durch Erschießen* bereits vollstreckt worden.

Dienstag, 26. Dezember 1989

Mit offenen Augen starrt der tote Diktator in die Kamera des rumänischen Fernsehens. Die Übergangsregierung ist mit diesen Bildern den Beweis angetreten, dass die Hinrichtung von Ceaușescu wirklich vollzogen wurde. Aus den Aufnahmen geht allerdings nicht hervor, wo genau die Exekution stattfand. Die Zuschauer sahen lediglich eine betonierte Fläche, umgeben von etwas Rasen, dahinter eine graue Steinwand, vor der das Ehepaar offensichtlich erschossen wurde. Die Frau des Diktators wurde nicht als Leiche gezeigt. Unklar ist auch weiterhin die Zusammensetzung des Militärtribunals, von dem das diktatorische Ehepaar zu Tode verurteilt wurde.

Inzwischen hat das rumänische Fernsehen auch Bilder verbreitet, die bei der Festnahme von Ceaușescu's Tochter Zoia aufgenommen wurden. Als Beweis für das üppige Leben wurden Teile ihrer Schmucksammlung gezeigt. Die Tochter selbst hatte sich nicht politisch engagiert. Die Ceaușescus hatten drei Kinder. Davon bleibt lediglich der Sohn Nicu in Haft, der als politischer Kronprinz galt. Ein weiterer Sohn des Diktators arbeitet als Kernphysiker in Rumänien.

Im Saal des Militärgerichts

Von Hans Fink

Ich bin als physische Person nicht dort gewesen und ich kenne auch keinen der Juristen, die Ceaușescu in seinen letzten Stunden gesehen haben. Die strengen Sicherheitsmassnahmen zu ihrem Schutz sind vollauf berechtigt. Doch in Gedanken war ich bei der Verhandlung zugegen. Im Laufe der Jahre habe ich einen solchen Prozess in meiner Vorstellung etliche Male erlebt, mit wechselndem Hintergrund, aber stets mit demselben Ergebnis. Die Szenen, die das Fernsehen übertragen

sprochene Gleichberechtigung kümmerte. Wer nicht Parteimitglied war, wer einen Geistlichen in der Familie oder Verwandte im Ausland hatte, blieb ein Mensch zweiter Klasse, er durfte weder Jurist noch Historiker werden, noch Leitungsposten erhalten. Wer sich scheiden liess, rutschte in dieselbe Ka-

gewöhnen, mussten sie im Interesse ihrer Gesundheit zum Schweigen, Selbstverleugnen und Heucheln erziehen. Da war in allerjüngster Zeit die ungeheure Lüge von den grossartigen Erfolgen unserer Landwirtschaft, die man auf allen Ebenen würdigen musste, dabei verstand die überwiegende Mehrheit der Bevölkerung, dass die Ergebnisse gefälscht waren. Bekanntlich sind Agronomen, die beim Fälschen

Die zwei Angeklagten schienen das Ganze nicht ernst zu nehmen, was man sich nur damit erklären kann, dass sie noch immer mit ihrer Befreiung rechneten. Ceaușescu Nicolae erhob sich trotz der wiederholten Aufforderungen kein einziges Mal, sondern gestikulierte im Sitzen. Er schaute zwischendurch angelegentlich auf die Armbanduhr — offenbar verging ihm die Zeit zu langsam. Mir verging sie zu schnell.

Auszug aus dem Bericht von Hans Fink über das Militärtribunal gegen die Eheleute Ceaușescu (27.12.1989)

Einen Tyrannen ohnegleichen los

Bonn: Letzter stalinistischer Herrscher Europas hingerichtet

Bonn (Agerpres). — Durch die Hinrichtung des rumänischen Diktators Nicolae Ceaușescu hat das politische Leben des letzten Feudalherrschers stalinistischer Prägung in Europa ein Ende genommen. Während 25 Jahren hat der in bescheidenen Verhältnissen in einem Dorf der Walachei geborene absolutistische Monarch die Geschicke des Landes tyrannisch geleitet, wobei er bis in das Privatleben der Landesbewohner eingedrungen ist. Dabei hat er sich auf den Familien-Clan gestützt: Seine Ehefrau Elena war mit den höchsten Funktionen in der Regierung- und Parteiführung betraut, sein Sohn Nicu, Parteileader in Hermannstadt, zahlreiche seiner Angehörigen oder Angehörige seiner Frau hielten Schlüsselpositionen in der Armee, in der Verwaltung oder in der Partei. Es heisst, Ceaușescu habe die Nachfolge seiner Frau oder sogar dem Sohn Nicu anvertraut, heisst es in einem Kommentar der westdeutschen Nachrichtenagentur DPA.

Viele Jahre hindurch hat der erste Mann des Landes einen Personenkult gepflegt, der in der zeitgenössischen Geschichte nur schwer seinesgleichen findet. Bei den Parteitagen jubelten die Delegierten dem Präsidenten minutenlang stehend zu. In einem Museum im Zentrum von Bukarest waren 23 riesige Ölgemälde und vier Skulpturen zu sehen, die die Taten Ceaușescus würdigten. Zahlreiche Male hat sich der Partei- und Staatschef mit Zepter und Schärpe abbilden lassen.

Nachdem die politische Entwicklung des einstigen Schusterlehrlings skizziert wird, unterstreicht DPA, dass er sich ständig mit den „Erfolgen" seiner Politik brüstete, die durch riesige Steigerung der Industrie- und Landwirtschaftsproduktion veranschaulicht wurden und die in flagrantem Gegensatz zu der tatsächlichen Lage der Bevölkerung ständen, die der elementarsten Lebensbedingungen entbehrte: Heizung, Strom, während die Lebensmittel kaum für das Überleben ausreichten.

Für die Abzahlung der Auslandsschulden hat der sich selbst „conducător" (zu deutsch Führer) Ausgebende viele lebenswichtige Erzeugnisse des Landes ausgeführt, und das Volk hat vier schwere Winter hintereinander gehungert, bis am 17. Dezember von Temeswar ausgehend im ganzen Land die Unruhe ausgebrochen ist. Ein Versuch in letzter Minute, die Mindestgehälter und die Renten zu erhöhen, konnte nicht mehr helfen. Vor dem Hintergrund der Rufe „Nieder mit Ceaușescu!" und „Wir wollen Freiheit!" ist Ceaușescu mit seiner Familie aus dem pompösen Präsidialpalast geflohen. Aber seinem Volke konnte er nicht mehr entkommen.

Aufatmen nach dem Umsturz
(27.12.1989)

Mit der Ausrufung der Übergangsregierung ist in Rumänien nach dem Tod des Diktators der entscheidende Schritt zur Festigung der konstitutionellen Macht getan worden. Als neuer Staatschef fungiert der frühere kommunistische ZK-Sekretär Ion Iliescu, 59 Jahre alt, der ab 1971 allmählich seine politischen Ämter verloren hatte.

65

Er gilt als Anhänger Gorbatschows und wurde vor vier Jahren zum Direktor eines technischen Verlages degradiert. Als Premierminister der neuen Führungsmannschaft, die als eine „Regierung der Dichter und Denker" bezeichnet wird, amtiert der 43jährige Petre Roman, der einen Teil seiner wissenschaftlichen Ausbildung in Frankreich absolviert hat und in Bukarest Professor für Wasserbauwesen war. Daneben gehören prominente Künstler, Schriftsteller und Wissenschaftler der 37köpfigen Regierung an.

Mittwoch, 27. Dezember 1989

Auf dem Verordnungsweg hat die neue provisorische Regierung in Bukarest Gesetze aus der Ceauşescu-Ära aufgehoben, die von der Bevölkerung als unzumutbare Einschränkung ihrer Grundfreiheiten empfunden wurden. Dazu gehört vor allem das Gesetz über die Dorfsystematisierung, dessen konsequente Durchführung die Vernichtung von fast 7000 rumänischen Dörfern bedeutet hätte. Auch das bisherige Verbot der Abtreibung wurde mit sofortiger Wirkung außer Kraft gesetzt. Dahinter verbarg sich eine regelrechte gesellschaftliche Terrormaßnahme, die es dem Geheimdienst erlaubte, willkürlich Frauen vom Arbeitsplatz weg einer Überprüfung zu unterwerfen, ob sie möglicherweise abgetrieben haben. Der Größenwahn des Diktators, der auch keine Verhütungsmittel zuließ, forderte von jeder Frau, möglichst fünf Kinder zu gebären, um die rumänische Nation zu stärken.

Eine wichtige Maßnahme ist noch in Vorbereitung. Sie betrifft ein Gesetz über Ausländer. Bisher war rumänischen Bürgern unter Berufung auf ein nie veröffentlichtes

Dekret jeder Kontakt mit Ausländern verboten. Andernfalls musste darüber innerhalb von 24 Stunden Meldung bei der Miliz erstattet werden.

Die Zeitung erscheint täglich ausser montags.
Abonnements kosten für einem Monat 14 Lei, für drei Monate 42 Lei, für sechs Monate 84 Lei, fur ein Jahr 168 Lei. Die Post erhebt für die Heimzustellung eine zusätzliche Gebühr von 25 Bani je Ausgabe. Bestellungen werden von den Postämtern, den Briefträgern und den freiwilligen Zeitungsverteilern entgegengenommen.

Neuer Weg

TAGESZEITUNG FÜR POLITIK, WIRTSCHAFT, GESELLSCHAFT UND KULTUR

Redaktion und Verwaltung: 79777 Bukarest, Piaţa Scînteii 1, Telefon: 18 17 23 (Chefredaktion), 18 18 30 (Sekretariat), 17 21 41 (Lokalreihe). — Redaktionsvertretungen in Arad, Hermannstadt, Hunedoara, Kronstadt, Mediasch, Reschitza, Schässburg und Temeswar.

41. Jahrgang / Nr. 12 619   Bukarest, Mittwoch, 27. Dezember 1989   Einzelpreis: 50 Bani

Ion Iliescu Vorsitzender des Rates der Front der Nationalen Rettung

Petre Roman zum Premierminister Rumäniens und Generaloberst Nicolae Militaru zum Minister für Landesverteidigung ernannt

Der Rat der Front der Nationalen Rettung hat Ion Iliescu in das Amt des Vorsitzenden und Dumitru Mazilu in das Amt des Ersten Stellvertretenden Vorsitzenden gewählt. Dies teilte der Rat der Front der Nationalen Rettung in einem Kommuniqué mit.

Durch ein Dekret des Rates der Front der Nationalen Rettung wurde bis zu den Wahlen Petre Roman in das Amt des Premierministers Rumäniens ernannt.

Durch ein weiteres Dekret der Front der Nationalen Rettung wurde Generaloberst Nicolae Militaru in das Amt des Ministers für Landesverteidigung berufen.

Beide Dekrete sind von Ion Iliescu, Vorsitzenden des Rates der Front der Nationalen Rettung, unterschrieben.

DEKRET

über den Übergang des Departements für Staatssicherheit und anderer dem Innenministerium untergeordneter Organe in die Zusammensetzung des Ministeriums für Landesverteidigung

Art. 1. — Ab Datum vorliegenden Dekrets gehen das Departement für Staatssicherheit, das Kommandement der Sicherheitstruppen, zusammen mit den ihnen untergeordneten Organen und Einheiten, in die Zusammensetzung des Ministeriums für Landesverteidigung über. Mit eingeschlossen sind deren Struktur, das Budget, das Personal, die Waffen, die Munition, die verfügbare Technik, die Anlagekonten sowie das aktive und passive Personal im In- und Ausland. Für die Zollorganen, die unmittelbaren Einheiten und die gemeinsamen Entscheidung des Staatssicherheitsorgane der Miliz, die Kommandur...

Der Vorsitzende der Front der Nationalen Rettung
ION ILIESCU

Übertritts der Staatssicherheit zum wird mit gesonderten Dekret bestimmt.

Art. 4. — Die Organisierungen werden eingeschlossen, der in die Zusammensetzung des Ministeriums für Landesverteidigung...

Der Minister für Landesverteidigung
Generaloberst
NICOLAE MILITARU

Kein Preisaufschlag mehr auf den Dörfern

Bukarest (Agerpres) — Die Bauernmärkte und die verzögerten...

Energetiker und Kumpel auf ihrem Posten

Vulcan räumt dringenden Auftrag aus Turceni Vorrang ein / Ausfall wird durch freiwillig verlängerte Schichten wettgemacht

Bukarest — Wie aus einer Mitteilung des stellvertretenden Generaldirektors...

Ein schwerer Anfang

Von Hugo Hausl

Dieser Neubeginn ist oftmehr als andere als Neubeginn...

Der neue starke Mann Ion Iliescu

Auch ein neues Dekret über den Reisepass soll künftig rumänischen Staatsbürgern größere Bewegungsfreiheit im Ausland gestatten. Der Geheimdienst Securitate, der von Ceauşescu als ein eigenes Machtgebilde im Staat aufgebaut

67

wurde, ist mit sofortiger Wirkung dem Verteidigungsministerium unterstellt. Dies gilt auch für die Grenztruppen. Bislang war dafür das Innenministerium zuständig und konnte nach Belieben sowohl den Geheimdienst – und seit einiger Zeit auch die Grenztruppen – gegen jede Form des inneren Widerstandes einsetzen. Diese Möglichkeit soll künftig ausgeschlossen werden. In einem Aufruf hat die provisorische Regierung allerdings die Bevölkerung angehalten, keine Lynchjustiz an den ehemaligen Ceaușescu-Anhängern zu verüben. Der Zorn der Rumänen hatte sich mehrfach gegen festgenommene Securitate-Kämpfer gerichtet, die zuvor mit Mord und Totschlag die Bevölkerung terrorisiert hatten. Nachdem immer mehr Staaten die neue Übergangsregierung anerkennen, haben sich auch die rumänischen Auslandsvertretungen zum Umsturz bekannt. Vom Gebäude der rumänischen Botschaft in Wien wurden beispielsweise alle Hinweisschilder auf die Sozialistische Republik bereits abmontiert und das sozialistische Staatswappen aus der Fahne herausgeschnitten.

Ein handgeschriebenes Schild am Eingangstor weist den Besucher darauf hin, dass die Botschaft Rumäniens, wie sie sich nun nennt, ihre Solidarität mit der neuen Regierung bekundet. Selbst aus den jüngst erteilten Einreisevisa wird mit schwarzem Stift der Begriff Sozialistische Republik getilgt. Ein Bruder Ceaușescu's, der in Wien als Handelsrat akkreditiert war, ist – wie zu erfahren war – erst vor zwei Tagen nach Bukarest zurückgekehrt. Über sein Schicksal ebenso wie über das Schicksal der anderen Geschwister des Diktators, die hohe Ämter bekleideten, ist bislang nichts bekannt.

Militärische Hilfe der Sowjetunion beiderseits nicht als nötig befunden

Interview Ion Iliescus für „Le Monde"

Paris (Agerpres). — Die neue Führung Rumäniens hat die Sowjetunion nicht um militärische Hilfe ersucht, da „dies nicht notwendig ist", erklärte Ion Iliescu in einem Interview, das Montag nachmittag von der französischen Tageszeitung „Le Monde" veröffentlicht worden ist.

„Wir haben von der Sowjetunion keine militärische Hilfe beantragt. Wir stehen in ständiger Verbindung mit dem sowjetischen Ministerium für Auswärtige Angelegenheiten. Dieses ist wie auch wir der Ansicht, dass die militärische Hilfe nicht notwendig ist. In dieser Hinsicht haben wir die völlig gleiche Meinung mit den Sowjets."

Ion Iliescu bestätigte die Verhaftung Ceaușescus und einiger Mitglieder seiner Familie, weigerte sich jedoch, Einzelheiten über die Umstände bekanntzugeben, unter denen der Diktator verhaftet worden

ist. Er fügte hinzu, dass fast alle Mitglieder des Politischen Exekutivkomitees der Partei verhaftet worden sind. „Sie werden abgeurteilt werden, zu dem Zeitpunkt, da die Bedingungen dies gestatten."

Iliescu weigerte sich desgleichen, die Anwesenheit ausländischer Söldner unter den Terroristen der Sicherheitskräfte zu bestätigen. „Der verbitterte Widerstand des alten Ceaușescu-Apparats ist gut vorbereitet worden. Es ist ihre Absicht, Instabilität zu schaffen durch Terror, durch Angriffe auf Betriebe, Krankenhäuser, auf den Rundfunk und das Fernsehen. Doch die Lage normalisiert sich allmählich."

Ion Iliescu erklärte, dass der Wiederaufbau der Wirtschaft die vorrangige Aufgabe nach der Liquidierung der „Terrorgruppen" sein wird.

Iliescu verneint sowjetische Militärhilfe, gilt aber als Mann Moskaus

Donnerstag, 28. Dezember 1989

Der Übergangspräsident Rumäniens Ion Iliescu hat das Problem der provisorischen Regierung nach dem Sturz der Diktatur mit einer einprägsamen Formel umschrieben. Demnach hat nicht eine organisierte politische Bewegung den Umsturz bewirkt, sondern umgekehrt; der Umsturz hat die politischen Bewegungen im Land erst geboren.

Man kann sich für den Neuanfang Rumäniens kaum eine inhomogenere Gruppe vorstellen, als die Zusammensetzung der jetzigen Regierung, deren Spektrum praktisch von sozialistisch orientierten ehemaligen Kommunisten bis zu christlich-bekennenden Idealisten reicht. Ion Iliescu als vorübergehender Staatspräsident hatte sich schon mehrfach zu den politischen Zielvorstellungen des sowjetischen Staats- und Parteichefs Gorbatschow bekannt. Deshalb darf man ihm unterstellen, dass er sich künftig an Moskau zu orientieren sucht. In diesem Zusammenhang ist auch der jüngste Appell von Iliescu zu sehen, die übernommenen Strukturen des planwirtschaftlichen Systems zunächst beizubehalten, um größere Reibungsverluste beim wirtschaftlichen Aufbau zu vermeiden. Auch das Bekenntnis zum Warschauer Pakt zielt in die gleiche Richtung, gewissermaßen das äußere Gefüge des Landes im Trubel des Neuanfanges nicht auseinander brechen zu lassen. Der neue Premierminister Petre Roman liefert – ergänzend als Argumentationshilfe – eine erschreckende Bestandsaufnahme der wirtschaftlichen und sozialen Verfassung Rumäniens.

Die Feder hat sich gesträubt

Es gibt uns noch. Wir können nun frei sagen und s c h r e i b e n, was uns die Kehle zugeschnürt hat, die Feder immer wieder stocken liess. Und wir haben auch einen Namen, nur musste man sich (wie oft!) schämen, ihn unter die sogenannten Dienstartikel zu setzen, unter die Auftragsarbeiten zur Lobhudelei auf einen, der alles wusste und konnte, der selbstverständlich auch die rumänische Aussenpolitik erfunden hatte. Es war nichts anderes, als eine zum Sermon über ein paar engstirnig aufgefasste „Weltfragen" herabgewürdigte Politik. Vom eigentlichen Weltgeschehen war sie abgeschnitten. Zwar wussten wir alle, was in der Welt passiert, doch dazu äussern durften wir uns nur nach vorgeschriebenen Regeln.

Wir haben unsere Sprache missbraucht, eine Flut von superlativischen Adjektiven verwendet. Der bombastische Stil liegt uns im Magen. Eine gegen Superlative entwickelte Aversion gilt es jetzt abzubauen. Wir wollen nüchtern denken und wieder sachlich berichten, mit spitzer Feder kommentieren.

Editorial Edda Reichrath über die missbrauchte Sprache
(27.12.1989)

Das enge Zusammenspiel beider Politiker an der Spitze von Staat und Regierung hat in der Kritik an den politischen Verhältnissen unter Ceauşescu seinen Ausgangspunkt genommen, zielt aber auf die Beibehaltung sozialistischer Grundstrukturen ab. Innerhalb dieser Regierungsgruppe differenziert sich das Bild jedoch erheblich, wenn man gewissermaßen als politischen Kontrapunkt die Literaturwissenschaftlerin Doina Cornea nimmt. Die ehemalige Dissidentin hat sich einer national-christlichen Bauernpartei angeschlossen, die mit ihrer Neugründung vermutlich weniger auf das intellektuelle als auf das überwiegend ländliche Potential Rumäniens abzielt und gleichzeitig zwei Problembereiche offenkundig werden lässt: Erstens ist in Rumänien völlig offen, was in diesem Staat mit großen nationalen Minderheiten künftig unter dem Begriff *national* zu verstehen ist. Zweitens ist unklar, welche Integrationskraft das Signet *christlich* in einem Land hat, in dem verschiedene christliche Kirchen ihr Selbstverständnis aufgrund unterschiedlicher nationaler Zugehörigkeiten definieren.

Folgerichtig versuchen sich die Ungarn, von denen über zwei Millionen in Rumänien leben, in einer eigenen Partei zu organisieren. Noch bemühen sich alle genannten Gruppen um eine Zusammenarbeit in der *Front zur nationalen Rettung*. Im Alleingang wirbt dagegen die Demokratische Partei mit einem Programm, das die Prinzipien einer parlamentarischen Demokratie und freien Marktwirtschaft als Leitlinien formuliert. Noch nicht ausgestanden ist auch die Debatte um den Ex-König von Rumänien, der immer noch etliche Anhänger zu aktivieren vermag, die in ihm beispielsweise einen möglichen Anwärter auf das Amt des Präsidenten sehen. Eine solche Gesamtschau der politischen Machtverhältnisse lässt außer Acht, welche

Akzeptanz und Unterstützung die einzelnen Parteien und Gruppen in der Bevölkerung haben könnten. Es fehlte und fehlt immer noch an einer von unten getragenen politischen Bewegung, die – ähnlich wie in der DDR oder der Tschechoslowakei – auf die Übernahme der Macht in Form parlamentarischer Mandatsverteilung vorbereitet wäre. Insofern bleibt Rumänien vorerst ein Sonderfall, auch innerhalb der Reformprozesse Osteuropas.

Von der rumänischen Presseagentur

Die Rumänische Presseagentur — AGERPRES braucht keinerlei Sonderbewilligungen mehr seitens der Zensur, wie es bisher der Fall war, als sie falsche Stellungnahmen und eine nationale Einstellung übermittelte, die jeder realen Basis entbehrt.

An der Seite der ganzen Zentral- und Lokalpresse, des Rundfunks und Fernsehens, aller Massenkommunikationsmittel, wird unsere Presseagentur ihre Pflicht tun und auf reale Art und Weise, ehrlich und zivilisiert die gesamte öffentliche Meinung des In- und Auslands über sämtliche Ereignisse informieren, die in Rumänien und in der Welt vor sich gehen.

Das Ende der Zensur,
(24.12.1989)

Freitag, 29. Dezember 1989

Die sozialistische Volksrepublik ist abgeschafft, das Land heißt jetzt auch offiziell ganz schlicht „Rumänien". Als provisorische Staatsspitze ist schon am 22. Dezember 1989 ein *Rat der Nationalen Front zur Errettung Rumäniens (Consiliul Frontului Salvării Nationale CFSN)* gebildet worden. Gleichzeitig hat sich der Rat an der Spitze der Nationalen Front weitreichende Entscheidungsmöglichkeiten vorbehalten, um den Aufbau neuer politischer Strukturen zu ermöglichen. Dazu gehört auch die Vollmacht, beliebig Regierungsmitglieder zu ernennen und zu entlassen. In diesem Zusammenhang sind weitere Minister eingesetzt worden, um die neue Regierung unter Ministerpräsident Petre Roman zu vervollständigen. Zu den Vollmachten des Rates, der praktisch über der Regierung steht, gehört auch die Möglichkeit, den Generalstaatsanwalt zu ernennen, das Wahlsystem auszuarbeiten, eine Verfassungskommission einzusetzen und wesentliche Personalveränderungen an der Spitze des Militärs durchzuführen. So werden ehemalige Offiziere, die teilweise aus politischen Gründen ihren Dienst quittieren mussten, wieder aktiviert. Dem verstorbenen Verteidigungsminister verlieh der Rat posthum den Grad eines Vier-Sterne-Generals. Begründet wird dieser Schritt mit der Weigerung von Verteidigungsminister Vasile Milea, die Truppen auf Befehl von Ceauşescu gegen die Bevölkerung marschieren zu lassen.

Am letzten Tag der Diktatur hatte das Fernsehen überraschend den angeblichen Selbstmord des Verteidigungsministers gemeldet und ihm eine verräterische Haltung vorgeworfen. Es wurde zunächst vermutet, er sei von

Securitate-Leuten erschossen worden. Spätere Untersuchungen bestätigten angeblich jedoch den Selbstmord.

Der Chef des Generalstabes, General Ştefan Guşă wurde dagegen vom Rat der Nationalen Front entlassen. Der Vorsitzende dieses Rates, der ehemalige ZK-Sekretär Ion Iliescu, wird ab sofort als provisorisches Staatsoberhaupt Rumänien international vertreten.

Noch ein Schandfleck entfernt
Dem Kriminellen-Ehepaar die akademischen Titel aberkannt

B u k a r e s t. — Die Mitglieder der Rumänischen Akademie sind zu einer ausserordentlichen Vollversammlung zusammengetreten, um ihre vorbehaltlose Zustimmung zum Programm des Rates der Front der Nationalen Rettung zu bekunden, zu dessen Verwirklichung sie mit all ihren Kräften beitragen wollen.

Die Teilnehmer an der Vollversammlung würdigten den heldenhaften Kampf der Jugendlichen, der Armee und des ganzen Volkes für die Beseitigung der ruchlosen Diktatur. Es wurde festgestellt, dass der durch schwere Opfer errungene Sieg unserer Nation die Freiheit, die Würde und die fundamentalen Menschenrechte wiedergegeben hat. Dadurch erlangten Wissenschaft und Kultur erneut die grundlegenden Voraussetzungen für ihre volle Entfaltung.

Unter Hinweis darauf, dass die Respektierung der Wahrheit und die Fortsetzung der von der rumänischen Demokratie begründeten Traditionen die Grundwerte sind, von denen die Rumänische Akademie sich in ihrer Tätigkeit leiten lässt, wurde betont, dass die Akademiker all ihr Wissen und ihre Schaffenskraft einsetzen werden, um zur Verwirklichung der im Programm des Rates der Front der Nationalen Rettung festgehaltenen Zielsetzungen beizutragen.

Die ausserordentliche Vollversammlung fasste den Beschluss, sofort den Schandfleck aus der Geschichte der Akademie zu tilgen, der dadurch entstanden war, dass man die Verfügung akzeptiert hatte, den Kriminellen Nicolae und Elena Ceauşescu akademische Titel zu verleihen, die ihnen nicht zustanden. Es wurde verfügt, die betreffenden Beschlüsse als nichtig zu erklären und die erforderlichen Tilgungen vorzunehmen.

Anschliessend wurde das Provisorische Komitee der Front der Nationalen Rettung der Rumänischen Akademie gewählt, das sogleich die erforderlichen Sofortmassnahmen eingeleitet hat, um die Akademie, die bisher unterdrückt war, wieder in ihre Rechte als höchstes Forum der rumänischen Wissenschaft und Kultur einzusetzen.

Alle akademischen Titel aberkannt, die ohnehin nur erfunden waren. (29.12.1989)

***

Die Lage in Rumänien hat sich soweit normalisiert, dass heute die ersten Linienflüge nach Bukarest aufgenommen werden können. Der Luftraum über Rumänien ist dafür nun freigegeben worden. Auch die bislang immer wieder umkämpfte Transferstrecke zwischen dem Flughafen und der Innenstadt befindet sich jetzt unter Kontrolle der Armee.

Unklar blieb zunächst, wie sich das Ultimatum auf die innere Sicherheit auswirken würde, welches am heutigen Freitag um 17 Uhr abgelaufen war. Darin hatte die Übergangsregierung alle noch Widerstand leistenden Gruppen aufgefordert, die Waffen niederzulegen. Andernfalls drohten ein Standgericht und die Todesstrafe. Niemand ist derzeit in der Lage, zuverlässige Angaben zu machen, wie viele Securitate-Kämpfer sich in letzter Minute noch ergeben haben. Radio Bukarest meldete zwar, zahlreiche Kämpfer hätten ihre Waffen abgegeben. Gleichzeitig wird von neuen Schießereien berichtet. Besonders unbeugsam sollen etwa 200 Mitglieder einer Elitetruppe der Securitate sein, die für ihren Einsatz mit einem besonderen Schwur auf Präsident Ceaușescu vereidigt wurden und als Einzelkämpfer weiterhin die Bevölkerung bedrohten.

Mit Ablauf des Ultimatums wurden die zivilen und militärischen Straßenkontrollen angewiesen, auch Rettungswagen auf fliehende Securitate-Mitglieder zu überprüfen. Außerdem werden nun auch Frauen auf der Straße im Verdachtsfall einer Leibesvisitation unterzogen, weil vereinzelt Munition entdeckt wurde, die von Frauen unter den Kleidern versteckt worden war.

Die neue Regierung demonstriert zwar Selbstsicherheit, indem sie in den oberen Stockwerken des Parteigebäudes in Bukarest tagt. Gleichzeitig aber wird immer noch ein Rest der versprengten Securitate-Einheiten in den weit verzweigten, unterirdischen Tunnelgewölben desselben Hauses vermutet.

Marin Ceauşescu hat sich erhängt

Wien (Agerpres). — Marin Ceauşescu, ein Bruder des hingerichteten Diktators, hat sich, wie die Nachrichtenagentur APA mit Bezug auf Quellen der österreichischen Polizei berichtet, in Wien erhängt. Der Bruder Nicolae Ceauşescus ist Donnerstag morgens im Keller des Gebäudes der rumänischen Handelsvertretung in der österreichischen Hauptstadt erhängt aufgefunden worden. Es wurde eine gerichtsmedizinische Untersuchung beantragt.

Ceauşescu´s Bruder erhängt sich Wien
(29.12.1989)

Trotz der äußerlich entspannten Lage rief Radio Bukarest die Bevölkerung der Hauptstadt auf, mit Ablauf des Ultimatums die Straßen zu vermeiden und zu Hause zu bleiben. Unterdessen hat sich der rumänische Ministerpräsident Petre Roman mehrfach darum bemüht, die schnelle Hinrichtung von Nicolae Ceauşescu und seiner Ehefrau Elena zu rechtfertigen. International war der Regierung in Bukarest vorgehalten worden, dass bei allem Verständnis für die Notlage und die Verbrechen des Diktators ein öffentlicher Prozess angemessen gewesen wäre. Dies gab nun Ministerpräsident Roman in verschiedenen

Interviews zu, wandte aber ein, dass man sehr konkrete Angaben von einem geplanten Überfall der Securitate-Geheimdiensttruppen hatte. Demnach wollte eine Fallschirmeinheit der Securitate den Diktator mit einem Überraschungsangriff aus den Händen der Armee befreien.

Freitag, 29.12.1989
abends

Nach jüngsten Angaben der rumänischen Übergangsregierung sind immer noch einige hundert bewaffnete Mitglieder des Geheimdienstes Securitate flüchtig. Sie haben sich mit Ablauf des Ultimatums nicht gestellt, sondern sind untergetaucht. Obwohl nach Darstellung eines Regierungssprechers in Bukarest von den flüchtigen Geheimdienstlern keine Umsturzgefahr mehr ausgehe, müsse man noch weiter mit einzelnen Überfällen und Angriffen der Securitate-Kämpfer rechnen.

Gegenüber seinen Bündnispartnern erklärte Mini-sterpräsident Roman, dass Rumänien weiter Mitglied im Warschauer Pakt bleiben werde. Gleichzeitig wolle er die Privatwirtschaft fördern und neue Parteien zulassen. Das Machtmonopol der Kommunisten, soweit sie überhaupt noch einmal als Partei in der Öffentlichkeit antreten sollten, scheint praktisch gebrochen. Allerdings melden sich inzwischen andere politische Gruppierungen zu Wort, deren Programm kaum in Einklang mit der jetzigen Übergangsregierung zu bringen ist. Das gilt vor allem für die Bauernpartei, die in der Zwischenkriegszeit die stärkste politische Kraft im Land war. Ihr rechter Flügel hatte bis zum endgültigen Parteienverbot 1938 mit der so genannten *Eisernen Garde* zusammengearbeitet, die später das

Machtinstrument einer faschistischen Diktatur unter Ion Antonescu wurde. Die neue Bauernpartei knüpft an ihre demokratische Tradition an und fordert für Rumänien eine Demokratie ohne kommunistische Spuren. Auch eine Wiederherstellung der Monarchie nach spanischem Vorbild gilt für die Vertreter der Bauernpartei als denkbar.

Ebenfalls aus dem Untergrund tritt jetzt die unierte Kirche hervor, die – ähnlich wie in der West-Ukraine – mit der orthodoxen Kirche zwangsvereinigt worden war. Die unierte Kirche benutzt zwar die griechisch-orthodoxe Liturgie, erkennt aber den Papst in Rom als ihr Oberhaupt an. Bei der Zwangsvereinigung 1948 musste die unierte Kirche in Rumänien ihren gesamten Kirchenbesitz an die rumänisch-orthodoxe Nationalkirche abtreten. Von der neuen Regierung erhoffen sich die Unierten, dass nun das Dekret über die Zwangsvereinigung wieder aufgehoben wird. Dabei ist nicht ausgeschlossen, dass es zu erheblichen Konflikten mit der rumänisch-orthodoxen National-kirche kommt, deren Leitung unter Ceaușescu überwiegend eine systemerhaltende Rolle gespielt hat.

***

Das abgelaufene Jahrzehnt begann für Rumänien mit einem Eklat im eigenen Lager. Als einziges sozialistisches Land verurteilte Bukarest 1980 den Einmarsch der sowjetischen Truppen in Afghanistan. Auch ein baldiger Besuch von Parteichef Ceaușescu bei Leonid Breschnjew in der entspannten Ferienatmosphäre auf der Krim konnte den Konflikt nicht ausräumen. Stärker als zuvor spielte seither Rumänien die Trumpfkarte seiner außenpolitischen Unabhängigkeit aus und lud in kurzen Jahresabständen den bundesdeutschen Präsidenten Carstens, den amerikanischen Vizepräsidenten Bush und den kanadischen Ministerpräsidenten Trudeau nach Bukarest ein. Damit warb das Land auch um engere wirtschaftliche Zusammenarbeit, um einem Konflikt mit dem Internationalen Währungsfond entgegenzusteuern. Denn die Kreditzahlungen waren für Rumänien mit Auflagen an Preisgestaltung und Wirtschaftsverhalten gekoppelt, die Ceauşescu für sich nicht ohne weiteres akzeptieren wollte. In diesem Konflikt liegt letztlich auch der Grund für das Wahnsinnsprogramm, alle rumänischen Schulden unter erheblichen inneren Belastungen vollständig zurückzuzahlen.

Die Mitte der achtziger Jahre war dann geprägt von einem werbenden Bemühen nach außen und einer Verhärtung der rumänischen Innenpolitik. Zuvor hatte Ceauşescu – vermutlich unter dem Drängen seiner Frau Elena – seinem Sohn Nicu den Weg zur politischen Nachfolge geebnet. Nico, eher bekannt als mittelmäßiger Schüler und Playboy, wurde von seinen Eltern zum Jugendminister ernannt und gleichzeitig als Chef des kommunistischen Jugendverbandes installiert.

Kurz darauf steuerte Ceauşescu seinen verhängnisvollen Kurs, den rumänischen Bevölkerungszuwachs um jeden Preis zu erhöhen. Fünf Kinder pro Frau waren als Norm angepeilt, andernfalls drohten finanzielle Strafabschläge am Gehalt und erzwungene medizinische Überprüfungen durch den Geheimdienst. Die Außenwelt beklatschte jedoch den Diktator weiter als Verfechter eines unabhängigen Kurses, weil Rumänien im gleichen Jahr 1984 als einziges Land den Boykott der Warschauer Pakt Staaten missachtete und seine Sportler zu den Olympischen Spielen nach Los Angeles schickte. Dies mag umso mehr eine Trotzreaktion gewesen sein, als Moskau kurz zuvor dem rumänischen Drängen nach mehr Öl- und Rohstofflieferungen nicht nachgegeben hat. Mehr noch: Moskau forderte für das Öl, das Rumänien für die Auslastung seiner überdimensionalen petrochemischen Industrieanlagen dringend brauchte, die Zahlung in harten Dollars.

In der zweiten Hälfte der achtziger Jahre wurde Ceaușescu seinerseits im Westen mit einer aktiven Reisepolitik vorstellig, die unter anderem eine Zusammenarbeit auf dem Sektor der Atomenergie zum Ziel hatte. Dies gelang ihm mit Kanada, das seither beim Aufbau des ersten Kernkraftwerkes in Rumänien hilft. Inzwischen verabschiedete Rumänien ein Gesetz, das die Aufnahme ausländischer Geldkredite verbot, mehrheitlich Kompensationsgeschäfte vorsah und die Abzahlung von 20 Milliarden Dollar Auslandsschulden einleitete. Dieser Gewaltakt ging zu Lasten der Bevölkerung, weil nahezu alle brauchbaren Lebensmittel in den Export geschickt wurden. Soziale Unzufriedenheit wurde durch einzelne politische Dissidenten an die Öffentlichkeit gebracht, die dafür brutal verfolgt wurden.

Rumänien hatte sich inzwischen im Ostblock immer weiter isoliert. So verweigerte die rumänische Regierung mehrfach ihre Unterschrift unter gemeinsame Projekte des COMECON (Rat für gegenseitige Wirtschaftshilfe der sozialistischen Staaten) und des Warschauer Paktes. Als Rumänien dann auch bei der KSZE-Nachfolgevereinbarung über Menschenrechte 1988 in Wien seine Vorbehalte geltend machte und schließlich die Unterschrift unter ein Umweltdokument verweigerte, wurde der Konfliktkurs des Ceaușescu-Regimes nach Ost und West gleichermaßen deutlich. Stattdessen setzte der Diktator zuletzt nur noch auf China und Nordkorea als die letzten Verbündeten, die seine totalitäre Vision des Sozialismus unterstützen.

Der Konflikt mit Ungarn wegen der Unterdrückung der ungarischen Minderheit und der angedrohten Vernichtung ungarischer Dörfer in Rumänien hat schließlich zu den Aktivitäten des oppositionellen Pfarrers László Tökés geführt, dessen Verfolgung letztlich den Anstoß für den erfolgreichen Aufstand gegen die Diktatur gab.

INNBEGRIFF DES SCHRECKENS
Die Kampftruppen der Securitate

Ihr Auftrag war Mord und Terror im Dienst einer Diktatur. So wird die Securitate in der Bevölkerung kurz nach dem Zusammenbruch der Diktatur gesehen. Immer noch führen angeblich versprengte Securitate-Kämpfer Angriffe gegen das Volk, in dessen Namen sie eigentlich ausgebildet wurden.

Die Kampftruppen der Securitate, des rumänischen Geheimdienstes, waren ursprünglich zum Schutz der vereinigten Volksmacht gegründet worden, als sich 1949 die rumänische KP und die rumänischen Sozialdemokraten zusammenschlossen. Doch schon dieser Zusammenschluss geschah unter äußerem, politischem Druck und die Securitate war bereits eindeutig das Kampforgan der Kommunisten. Ähnlich wie die Arbeitermilizen in Ungarn, die nach dem Ungarnaufstand zum Schutz der kommunistischen Machthaber als paramilitärische Truppe aufgebaut wurden, waren auch die Truppen des Geheimdienstes Securitate zunächst in diesem Sinn organisiert. Der eigentliche Umschwung zu einer Eliteeinheit, die sich auf Diktator Ceaușescu einschwor, erfolgte im Laufe einer Politik, die durch den wachsenden Argwohn Ceaușescu's nach innen geprägt war. Der starke Mann begann besonders nach seinen Besuchen in China und Nord-Korea Anfang der 1970iger Jahre, seiner politischen Umgebung zu misstrauen, wechselte immer hastiger die Kader an der

Spitze von Staat und Partei aus und vernachlässigte sogar die eigene Armee zugunsten der Geheimdiensttruppen. Diese Truppen der Securitate wurden zu einer parallelen Kampfeinheit aufgebaut mit praktisch allen militärischen Abteilungen, über die auch die Armee verfügte. Während die regulären Soldaten nur notdürftig ausgebildet wurden und oft beim Einsatz in Bautrupps ihre Dienstjahre verbrachten, erhielten die Securitate-Kämpfer erstklassige Waffen, erstklassiges Training und nicht zuletzt reichhaltige Privilegien, die vom besseren Wohnraum, üppiger Versorgung bis zu luxuriösen Urlaubsmöglichkeiten alles umfassten.

Damit wurden nicht nur die Securitate-Kämpfer selbst, sondern auch deren Familienmitglieder, die oftmals auch dem Geheimdienst zuarbeiteten, an ein Netzwerk von Privilegien gebunden, welches es nahezu unmöglich machte, aus dieser Elitetruppe wieder auszusteigen.

Selbst ein Außenstehender konnte andeutungsweise in der rumänischen Hauptstadt Bukarest von dem abgeschirmten Leben der Securitate-Mitarbeiter erfahren. Wenn man nämlich von der Miliz zurückgepfiffen wurde, weil man eine gelbe Straßenmarkierung überschritten hatte, dann war der Besucher bis unmittelbar vor die Zugänge zum Prominentenviertel der Securitate gelangt. Wenn man weiß, dass diese Abschirmung von Luxusquartieren mit eigenen Zufahrtsstraßen in der Bevölkerung besonders verhasst war, kann man ermessen, welche Bedeutung eines der ersten Dekrete nach dem Umsturz für die Bevölkerung der Hauptstadt hatte, mit dem nun alle Teile der Innenstadt wieder zugänglich gemacht wurden. Über die genaue Anzahl der Geheimdiensttruppen gab es unterschiedliche Schätzungen. Wahrscheinlich gehörten zum engeren Kern eine Truppe von zweitausend Mann,

die selbst auch mit leichten Panzern und Abwehrge-
schützen ausgerüstet waren.

NEUER WEG / 27. Dezember 1989

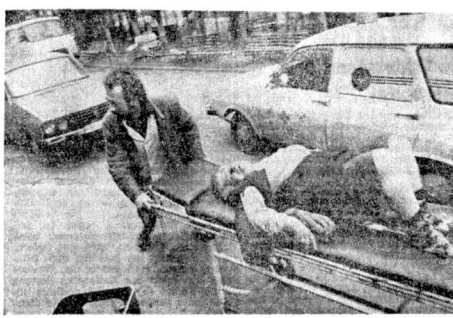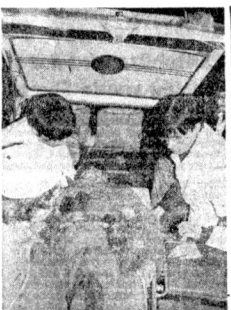

Ärzte sind erschüttert
Für einen gesunden Menschenverstand einfach nicht zu fassen!

Für einen gesunden Menschenverstand einfach nicht zu fassen! Diese Brutalität der Terroristen, die immer noch nicht aufgeben wollen, überschreitet jedes Vorstellungsvermögen. Von Dächern, aus besetzten Wohnungen schiessen diese Bestien auf alles, was sich bewegt. Auf Soldaten, auf Kinder, auf alte Frauen und Greise, die grad mal bis zum Laden an der Ecke um Milch oder Brot gehen, alles wird aus dem Hinterhalt niedergeschossen. Es wird in die Wohnungen geschossen. Ein Nachbar, der nach 36 Stunden ununterbrochenem

Dienst in einem Krankenhaus, wo er Unbeschreibliches erlebte, nach Hause kam, bemerkte in seiner Wohnung im fünften Stock ein kreisrundes Loch im Fenster und in der Wand gegenüber stak ein Projektil. Nicht alle hatten solch ein Glück.

Die Krankenhäuser sind überfüllt. Tag und Nacht werden Verletzte verbunden, wird operiert, die Krankenwagen fahren unter Beschuss zu den Stellen, wo die Verwundeten geduldig warten. Bluttransfusionen, in der ersten Nacht dieses Kampfes für ein freies Rumänien noch ein gro-

sses Problem, die Killerbanden griffen auch die Krankenhäuser an, können jetzt normal durchgeführt werden. Ins Bukarester Zentrum für Hämatologie kommen täglich Tausende Jugendliche, Frauen und Männer aller Altersstufen — sie spenden ihr Blut als Zeichen ihrer Solidarität mit jenen, die für eine gerechte, für ihre Sache kämpfen. In allen Krankenhäusern, und dort, wo die heftigsten Kämpfe ausgefochten werden, ist unser ärztliches Personal rund um die Uhr und länger im Einsatz.

M. K.

Bericht über Gräueltaten während des Umsturzes

Auch die berühmt-berüchtigte Fallschirmjäger-Einheit
gehörte dazu, die beim Beginn der Unruhen in Temeswar
für ein Wiederaufflackern des Terrors gesorgt hatte. Dieselbe Fallschireinheit wollte angeblich auch den gefangengenommenen Diktator und seine Frau aus den Händen
der Armee befreien.

Darüber hinaus gehört zur Securitate ein landesweites Netz von Spitzeln und Agenten, die zum großen Teil ebenfalls an Waffen ausgebildet worden sein sollen. Sie waren die Erfüllungsgehilfen eines Terrorregimes, das praktisch jede Unmutsäußerung in der Bevölkerung registrierte und verfolgte. Der Zugang zu Archiven der Securitate hat am Beispiel von Sibiu (Hermannstadt) gezeigt, wie der Polizeistaat mit erheblichem Aufwand seine Bürger unterdrückt hat.

Das gesamte Heer der Geheimdienstzuarbeiter dürfte – so schätzen einige Insider – vermutlich bis zu zweihunderttausend Spitzel betragen haben. Der Widerstand gegen den Umsturz und gegen die Abschaffung des Regimes wurde jedoch nur von einem kleinen, harten Kern von Securitate-Kämpfern geleistet, die vermutlich zu einer Spezialeinheit gehört haben.

Man kann sie gewissermaßen als die eigentliche Leibgarde von Nicolae Ceaușescu und seiner Frau Elena bezeichnen. Denn diese Spezialeinheit von zweitausend Mann war für ihre Kampfeinsätze namentlich auf den Diktator selbst eingeschworen. Die Jagd auf solche Einzelkämpfer in den Tunnelgängen der Hauptstadt hat zu neuen Erkenntnissen über die Securitate geführt, die auch der politischen Öffentlichkeit des Landes lange verborgen waren.

Jetzt zeigte sich, dass die Einzelkämpfer für die Stunde X eines möglichen Umsturzes vorbereitet waren. Berge von Fleisch, Konserven, westliches Bier und westliche Zigaretten – all das war in den Tunnelgewölben von Bukarest bereits untergebracht, zusätzlich ausgestattet mit unterirdischen Kommandozentralen, Schlafeinheiten und Aufenthaltsräumen.

Niederträchtige Tat der Schergen eines abscheulichen Tyrannen

Leichen von 40 Opfern der Repression in Temeswar auf Befehl der Securitate im Kühllaster nach Bukarest gebracht und verbrannt

Bukarest. — Auf der Suche nach den verschwundenen Leichen vieler Märtyrer der Revolution, die von den Terroristen niedergemetzelt und von den Schergen der Ceauşescu-Diktatur weggeschafft wurden, kamen Staatsanwaltschaft und Polizei zu folgendem erschütterndem Ergebnis:

Die vorgenommenen Untersuchungen ergaben folgendes:

Am 18. Dezember 1989, während der verhasste Diktator im Iran weilte, erteilte die „Akademikerin", die Analphabetin, die in dem Augenblick praktisch das Land führte, mit dem sie kennzeichnender. Zynismus den Figuren trauriger Erinnerung des alten Regimes Ion Coman und Tudor Postelnicu den Befehl, Massnahmen für die Einäscherung der Leichen von 40 unidentifizierten Opfern der Repression in Temeswar zu ergreifen. Diese niederträchtige Handlung der Verwischung jeder Spur der begangenen Morde wurde damit begründet, dass die Unruhen in Temeswar noch grössere Ausmasse angenommen hätten, wenn man den Familien die Leichen übergeben hätte. Eine andere Begründung war, dass man dem verhassten Tyrannen bei seiner Rückkehr aus Iran doch melden müsse, dass es keine Opfer gibt.

Der ehemalige Innenminister, Tudor Postelnicu, der treu ergebene Wachhund der Tyrannen, überwies diese kriminelle Verfügung seinen Lakaien, den Generälen Macri Emil, ehemaliger Chef der Direktion II des Departements der Staatssicherheit, und Nuţă Constantin, ehemaliger Chef des Generalinspektorats der Miliz, die sich in Temeswar befanden.

Diese beiden Verbrecher besorgten sich einen Kühllaster und luden die in Plastiksäcken verpackten 40 Leichen auf. Darauf telefonierte General Macri Emil mit dem ehemaligen Sicherheitsoberst Gangiu Gheorghe, der bei der Verwaltung der Bukarester Friedhöfe arbeitete, und

(Fortsetzung auf Seite 3)

Securitate-Verbrechen werden ermittelt
(12.01.1990)

Nicht zuletzt konnte dort wohl verborgen vor dem Zugriff durch die Armee die Munition gelagert werden, mit der einzelne Securitate-Kämpfer bis zuletzt hartnäckig Widerstand leisten konnten.

Tausende Kämpfer der Securitate könnten sich nach jüngsten Erkenntnissen in Rumänien in den Untergrund zurückgezogen haben, um von dort die Bevölkerung und die neue Regierung in Bukarest zu bedrohen. Informationen hierüber stammen von einem Internationalen Hilfskomitee für Rumänien, das in Wien seinen Sitz hat. Diese Angaben lassen sich aber kaum überprüfen. Nach Aussage eines ehemaligen Securitate-Mitarbeiters, der namentlich nicht genannt werden will, sind seit den 1950iger Jahren in den rumänischen Karpaten unterirdische Kasernen ausgebaut worden, in denen angeblich Tausende von Geheimdienstleuten mindestens ein Jahr lang überleben könnten. Der Informant gibt an, bei der Planung und dem Bau dieser unterirdischen Anlagen selbst beteiligt gewesen zu sein. Seinen Angaben zufolge sind die versteckten Kasernen ausreichend mit Lebensmitteln, Medikamenten und Munitionsvorräten ausgestattet. Weitere Informanten aus der Gebirgsgegend um Brașov (Kronstadt) berichten derselben Quelle zufolge, dass sich in die zahlreichen Berghütten dieser Gegend ortsfremde Männer zurückgezogen hätten, hinter denen ebenfalls Securitate-Kämpfer vermutet werden. Als Hauptsitz der untergetauchten Geheimdienst-Kämpfer wird der Ort Fǎgǎraș zwischen Brașov und Sibiu genannt.

(02.01.1990)

SONDERGERICHTE

Schnellverfahren gegen die Securitate

Die neue rumänische Regierung will Sondergerichten uneingeschränkte Rechtszuständigkeit gewähren, um in Schnellverfahren vor allem Mitglieder des ehemaligen Geheimdienstes Securitate abzuurteilen. Dies geht aus einem Erlass hervor, der die Zusammensetzung der Sondergerichte bestätigt. Dabei handelt es sich nicht ausschließlich um Militärgerichte, sondern um eine gemischte zivile und militärische Rechtsprechung.

Demnach sollen jeweils zwei Richter von den Vorsitzenden der örtlichen Zivilgerichte sowie drei Offiziere von den jeweiligen Militärkommandanten bestimmt werden, sodass insgesamt fünf Personen über die Angeklagten urteilen.

Zur Verhandlung stehen alle „Taten, die den Staat, das menschliche Leben, den privaten oder öffentlichen Besitz in Gefahr gebracht haben". Auch ein Staatsanwalt und ein Wahlverteidiger nehmen an diesen Schnellverfahren teil. Einsprüche gegen das Urteil werden ebenfalls im Schnellverfahren und offensichtlich nur vor den örtlichen Militärgerichten in zweiter Instanz behandelt.

In dem Beschluss der Regierung heißt es, die Gerichte sollen so bald wie möglich ihre Arbeit aufnehmen. Zuvor hatte die neue Regierung die Todesstrafe abgeschafft, die nur noch gegen den Diktator und seine Ehefrau angewandt worden war. Im Zusammenhang mit der Einsetzung der Sondergerichte appellierte Staatspräsident Iliescu an die Bevölkerung, Einigkeit im Denken und Handeln zu zeigen. Denn die Regierung äußerte sich besorgt darüber, dass sich bereits jetzt oppositionelle Kreise misstrauisch gegen die neue Führung und gegenüber dem Militär verhielten.

(08.01.1990)

Dokumente der Zeit

Der Clan erteilte Schiessbefehl

Aufschlussreiche Zeugnisse über die letzten Tage der Diktatur

Der Sieg der rumänischen Revolution lässt auch eine Zeit der Wahrheit, der Offenheit aufkommen. In wachsendem Masse soll Einblick gewährt werden in das innerste Getriebe des gesellschaftlichen Lebens. Und ebenso müssen Zusammenhänge und Entwicklungen der jüngsten Geschichte sichtbar gemacht werden. Ein Mittel dafür ist die Veröffentlichung von Zeitdokumenten.

(Stenogramm der Schaltkonferenz vom 17. Dezember 1989 mit Genossen Generalsekretär Nicolae Ceauşescu)

Nicolae Ceauşescu: Guten Tag! Ich habe diese Schaltkonferenz einberufen, damit in der nächsten Zeit entsprechende Massnahmen für eine strenge Bewachung der Amtssitze der Parteikomitees, der sozial-ökonomischen Einheiten, der Studentenheime gesorgt wird. Es sind Kollektive aus Mitarbeitern des Partei- und Staatsapparates, der patriotischen Garden, der Formationen der Jugend zu bilden. Die Kontrollen sind zu verstärken, vor allem nachts. Alle Massnahmen behalten ihre Gültigkeit, die den Kreisparteikomitees für die Zeit übermittelt worden sind, die dem XIV. Parteitag vorangegangen war.

Ich habe diese Konferenz in Anbetracht einiger sehr schwerwiegenden Ereignisse einberufen, die gestern und heute in Timişoara stattgefunden haben. Dem Anschein nach ist alles von einem Prozess betreffend die Evakuierung eines reformierten Pfarrers ausgegangen, der von den betreffenden Kirche versetzt worden ist. Vorher hat er in Budapest antirumänische Erklärungen abgegeben und sich mit Kreisen verbündet, die der Integrität Rumäniens feindlich gegenüberstehen. Es wurden Fehler gemacht. Normalerweise hatte das ganze Problem in ein-zwei Stunden erledigt sein müssen, entsprechend der Normen, die in der ganzen Welt gelten und entsprechend den Gesetzen des Landes. Das ist jedoch nicht geschehen, man hat unendlich lang diskutiert und viele

haben sich versammelt. Jetzt stellt es sich heraus, dass diese Sache rechtzeitig von ausländischen Agenturen und antisozialistischen, antirumänischen Kreisen sowohl des Westens wie auch des Ostens vorbereitet worden ist.

Ich mache alle ernstens darauf aufmerksam, dass in Temeswar noch nicht Ordnung gemacht worden ist, weil einige unzulässige Fehler bei der Durchführung der festgelegten Massnahmen begangen wurden. In erster Linie darum, weil die Einheiten, die dazu bestimmt worden sind, bestimmte Massnahmen anzuwenden, bewaffnet ausgerückt und also auch nicht in der Lage gewesen sind zu handeln. Jetzt habe ich alle Kommandeure nach Temeswar geschickt und sie sind dort: Vor einigen Minuten habe ich mit Genossen Coman gesprochen, der mit Truppen in Temeswar eingetroffen ist. Sie haben auch scharfe Munition bekommen. Wer sich der Vorwarnung nicht unterwirft... Es herrscht Ausnahmezustand! Ich habe Schiessbefehl erteilt; es wird vorgewarnt und wenn man sich nicht unterwirft wird geschossen. Es ist der Fehler gemacht worden, auch die andere Wange hinzuhal-

(Fortsetzung auf Seite 5)

Erschütternde Dokumente bestärken
den Zorn auf den Diktator
(11.01.1990)

PROBELAUF

Auf der Suche nach einem neuen Modell

In Rumänien kehrt allmählich wieder Ruhe ein. Die neue Regierung unter Petre Roman sucht nach Modellen der wirtschaftlichen Stabilität und des politischen Pluralismus. Doch hier zeichnen sich schon erste Konflikte für die Innenpolitik ab. In scharfen Attacken werfen die neu gegründeten bürgerlichen Parteien der provisorischen Regierung vor, sich zu sehr auf die Strukturen des alten Regimes zu stützen, um den Kommunisten wieder zur Macht zu verhelfen. Dissidenten, die mit der Revolution aus der Haft befreit wurden, fordern eine völlige Absage an den Kommunismus. Niemand weiß genau, wie der politische Fahrplan für die ersten freien Wahlen aussehen wird. Die Opposition, die sich im Land bildet, klagt über mangelnden Zugang zu den Massenmedien und daher auch über ungleiche Wahlchancen. In einer raschen Abfolge von Verordnungen versucht die provisorische Regierung diesen Vorwürfen entgegenzuwirken und bemüht sich, bereits Teile der neuen Verfassung vorzulegen.

Die Massenmedien, die mehr als vier Jahrzehnte unter dem Druck der Parteizensur standen, sind erstaunlich schnell aufgewacht. Nur noch in den ersten Tagen nach dem Umsturz war die sprachliche Nähe zu den alten Darstellungsformen zu spüren.

Doch schon bald gaben die Journalisten die ererbte Theatralik der Sprache auf und gingen zu einer sachlichen und kritischen Berichterstattung über. Jetzt erhalten die Leser wieder ein objektives Bild über Ungarn, das im sozialistischen Rumänien besonders unter Beschuss genommen worden war. Aber auch die waghalsige Flucht der Kunstturnerin und Olympiasiegerin Nadia Comăneci, die noch im November 1988 Rumänien verlassen hatte, wird erstmals in der Presse thematisiert mit dem Hinweis, dass ihre Einnahmen aus einem geplanten amerikanischen Film über ihre Lebensgeschichte letztlich der darbenden Heimat zugutekommen werde.

Die sofortige Verfügung der Regierung, mit denen die Lebensmittelexporte gestoppt wurden, um die Waren im eigenen Land zu verkaufen und die hungernde Bevölkerung zu sättigen, hat über Nacht Geschäfte und Märkte gefüllt. Vor allem Südfrüchte und ausreichend Fleisch begeisterten die Käufer. Trotz einer überraschenden Fülle von Angeboten spüren die Menschen weiterhin die Mängel einer ruinierten Wirtschaft. Auch in naher Zukunft wird Rumänien in unterversorgten Gebieten eine Rationierung von Lebensmitteln kaum vermeiden können.

Noch schlimmer ist für die Bevölkerung die Lage im Gesundheitsbereich. Ausländische Hilfe war angesichts von zehntausenden von Verletzten die erste Unterstützung in der Not. Langfristig muss hier die sträfliche Vernachlässigung des rumänischen Gesundheitswesens mit einer mühseligen Aufbauarbeit bezahlt werden.

Immer wieder kommt der energische Wille zur Selbsthilfe fast trotzig zur Sprache, um zu beweisen, dass man sich von den schlimmen Folgen der Diktatur nicht unterkriegen lassen möchte. Dennoch ist klar: Rumänien wird den Aufbau nicht aus eigener Kraft schaffen. Die Angebote zur Unterstützung kommen aus Ost und West gleichermaßen. In Rumänien wird jedoch das Angebot aus

Moskau zur weiteren Zusammenarbeit mit gemischten Gefühlen aufgenommen. Erst der jüngste Schritt, die Grenzen zur Sowjetrepublik Moldawien zu öffnen, dessen Territorium erst nach dem Zweiten Weltkrieg von Rumänien abgetrennt wurde, hat diese Skepsis wieder etwas eingedämmt. Wirtschaftsfachleute argumentieren damit, dass man die Sowjetunion dringend als Energielieferant weiter benötige. Vom Westen werden dagegen Technologie und Kredite erwartet.

(12.01.1990)

Nach dem Jahreswechsel: Markiger Worte als Mutmacher für die Sieger der Revolution

TRAUER UM DIE TOTEN
Kirchliche Selbstkritik

Die rumänische Hauptstadt Bukarest hat sich in ein Meer von Kerzen verwandelt. Alle öffentlichen Gebäude haben die blau-gelb-roten Nationalfahnen auf Halbmast gesetzt. In den Kirchen des Landes finden Gedenkgottesdienste statt. Rumänien trauert um die Toten der Revolution.

Der rumänische Rundfunk hat seit dem frühen Morgen sein Programm umgestellt und sendet getragene Musik. In den Zeitungen werden die Opfer mit ausführlichen Darstellungen und Bildern von den Gräueltaten gewürdigt, die das diktatorische Regime begangen hat. Alle Religionsgemeinschaften haben ihre Gläubigen zu Trauergottesdiensten aufgerufen.

Das Oberhaupt der größten Glaubensgemeinschaft, der Patriarch der rumänisch-orthodoxen Kirche, Teoctist I., verband die Nationaltrauer mit einer Selbstkritik. Er distanzierte sich nachträglich von Ergebenheitsadressen, die von ihm namentlich und von allen anderen Kirchenleitungen dem Regime und dem Diktator Ceaușescu gewidmet worden waren. Der Patriarch rechtfertigte sein Verhalten mit dem enormen Druck von oben. So habe Ceaușescu persönlich von ihm verlangt, dass in allen kirchlichen Veröffentlichungen sein Foto abgedruckt werden müsse. Angeblich soll der Diktator über den Druck einer Bibel zutiefst erbost gewesen sein, weil sich darin kein Bild von ihm wiederfand.

In den Gemeinden selbst ebenso wie unter zahlreichen Ortspfarrern war das Verhalten der Kirchenführungen aller Glaubensgemeinschaften während der Diktatur im Nachhinein heftig kritisiert worden. Einzelne Bischöfe sollen direkt mit dem gefürchteten Geheimdienst Securitate zusammengearbeitet haben.

Tag der Trauer

Anlässlich der Nationaltrauer wurden die Städte Bukarest und Temeswar als die beiden Zentren des Aufstandes und der Kämpfe mit dem Ehrentitel einer *Heldenstadt* ausgezeichnet. Parallel zu der landesweiten Trauer rief die Zeitung *România Liberă* alle verbleibenden Mitglieder der Kommunistischen Partei auf, ihre Parteiausweise an jenen öffentlichen Plätzen zu verbrennen, an denen Demonstranten von regimetreuen Einheiten erschossen wurden. An denselben Stellen wurden auch zum Gedenken an die Opfer zahlreiche Kerzen entzündet.

Derweil melden sich immer mehr kritische Stimmen, die darüber klagen, dass vor allem in der Provinz die Kommunisten sich die Macht wieder erschleichen. So verlangt der Jugendverband in Konstanza am Schwarzen Meer, dass unter den ehemaligen Kommunisten eine Säuberungsaktion durchgeführt werden müsse. Denn zu viele von ihnen befänden sich in den örtlichen Zweigstellen der regierenden Front zur Nationalen Rettung. Auch zahlreiche Milizangehörige, die systemtreu die Diktatur verteidigt hätten, würden sich nun als so genannte Reformkräfte die Macht in den provisorischen Verwaltungen wieder aneignen.

(12.01.1990)

HOFFNUNGEN UND ZWEIFEL

Aufräumen nach dem Aufstand

Rhythmische Hammerschläge begleiten die Vergangenheitsbewältigung in Rumänien. Vor dem alten Königsschloss im Zentrum der rumänischen Hauptstadt Bukarest sind Baugerüste errichtet. Wenige Wochen nach dem Sturz der Diktatur sollen die Spuren der Schießereien an den Fassaden der alten Gemäuer beseitigt werden. Dutzende von Arbeitern schlagen den Putz herunter, der durch zahlreiche Einschüsse verunstaltet ist.

Über den breiten Platz rollt der Verkehr, mehr als zu Zeiten von Ceaușescu. Benzin ist nicht mehr rationiert. Wie ein hohläugiges Monster beherrscht die ausgebrannte Nationalbibliothek den Platz gegenüber dem Königsschloss, eingebettet in ein Netzwerk von Stahlrohren. Auch hier hat der Wiederaufbau begonnen. Über die Baugerüste schweben bereits die ersten großen Fensterscheiben, mit denen die Fassade neu bestückt wird.

Das Trauma der Diktatur ist überwunden. Jetzt beginnt das Trauma eines Experiments, das nur unzureichend mit dem Begriff demokratisch bezeichnet werden kann. Noch wird in Rumäniens Hauptstadt mehr diskutiert als gearbeitet. Zahllose Gruppen formieren sich immer wieder neu.

Passanten neigen gelegentlich zur Leidenschaft, unterstreichen ihre Argumente mit heftig ausschlagenden Gesten. Besucher werden in einem russisch-rumänisch-französisch-deutschen Sprachengewirr in die Auseinandersetzungen mit einbezogen. „Keinen einzigen Kommunisten wollen wir mehr", heißt es hier nachdrücklich. „Wir wollen Demokratie."

Doch dann entzweit sich die Gruppe der Diskutanten. Die hitzige Debatte geht darum, ob in der Front zur nationalen Rettung, also dem Zentrum der neuen Macht, nach dem Umsturz nun Kommunisten sitzen oder nicht. „Sie sind Kommunisten", so ein Vorwurf. „Nein, sie sind keine Kommunisten", hält ein anderer lebhaft dagegen. Als Kompromiss wird angeboten: Semi-Kommunisten, Halbe-Halbe. Ein Mann, etwas abseits, macht auf sich aufmerksam: „Die Rentner und Arbeiter sind für die Front", sagt er. Dann setzt er flüsternd hinzu: „Es gibt noch viele Kommunisten. Und das sind keine schlechten Menschen."

Der Umsturz hat das Leben verändert. Bukarest ist eine Stadt der Panzer und Altäre. Blumengebinde, brennende Kerzen, Ikonenbilder und lange Namenslisten kennzeichnen die Plätze, an denen Menschen, meist junge Soldaten, während der jüngsten Revolution ihr Leben gelassen haben. Weinende Mütter und starr blickende Väter kehren immer wieder zurück und streicheln liebevoll die Fotos ihrer getöteten Kinder. Soldaten bewachen weiterhin öffentliche Gebäude, U-Bahn-Schächte, Rundfunk und Fernsehen. Mit lässiger Langweile lauschen sie im Kopfhörer der Musik aus kleinen Transistorradios, die sie unter ihrer Uniformjacke versteckt halten. Großeltern führen die Enkel zu den Soldaten, lassen sich vor zerschossenen Wracks mit den „Befreiern" fotografieren. Schulkinder skizzieren auf ihrem Malblock den Sitz der Übergangsregierung samt zerklüftetem Rasenbeet, in das sich die Panzerfahrzeuge hineingefressen haben und nun den Weg nicht mehr herauszufinden scheinen. Solche Szenen wirken zuweilen wie eine Idylle des Übergangs, aber eben nur eines Übergangs, dessen Ziel noch ungewiss ist. Diese Ungewissheit vermittelt auch eine Begegnung mit Günther Ambrosi, einem lutherischen Pfarrer, der seit fast drei Jahrzehnten die deutsche Gemeinde in Bukarest betreut. „Für die Zukunft wage ich keine Prognose", meint er. „Ich hoffe nur, dass es besser wird als früher."

Bukarest, Freitag, 5. Januar 1990   Einzelpreis: 50 Bani

IM HERZEN DER RUMÄNISCHEN HAUPTSTADT, wo die Volksrevolution ihren Anfang nahm und wo die Verluste an Menschenleben sowie an materiellen und Kulturgütern am grössten waren, sind die ersten Baukräne aufgetaucht, wie hier vor der Zentralen Universitätsbibliothek.

So sieht ein Gebäude aus, das zu den schönsten von Bukarest gehörte und unter Denkmalschutz stand. Beachten Sie damit im Zusammenhang den Aufruf auf Seite 3.

Foto: Walter Zangl

Die ausgebrannte Nationalbibliothek

Nur wenige Fußminuten von der lutherischen Kirche entfernt liegt das Ministerium für Unterricht und Bildung. Hier werden Strategien für eine Vergangenheitsbewältigung erarbeitet, die sich in den Schulbüchern niederschlagen soll. Die Beteiligten geben zu erkennen, dass sie sich eine schwere Aufgabe vorgenommen haben. Papiermangel, verfälschtes Geschichtsbewusstsein, ungeklärte nationale Minderheitenfragen erschweren den Schritt in die neue Freiheit. Als Vizeminister wurde nach dem Umsturz auch ein Deutscher in die Regierung berufen, Hans-Otto Stamp, zuvor Mathematik-Lehrer. Glaubt er, dass sich die umstrittene Front, deren Legitimation nur aus einer revolutionären Machtergreifung heraus zu verstehen ist, als führende Kraft etablieren kann: „Wir sind zum Erfolg verurteilt. Sonst verlieren wir unsere Glaubwürdigkeit. Noch stehen wir vor großen Problemen. Ich baue auf eine Willensbildung durch die ersten freien Wahlen im Land", meint er. Doch noch vor den ersten freien Wahlen hat die Front zur nationalen Rettung, die provisorische Regierung, die Macht geteilt. Ergebnis einer Zerreißprobe, die auf der Straße wie im Fieber von Demonstrationen und Gegendemonstrationen ausgetragen wurde. Selbst Sympathisanten der Front können im Nachhinein nicht begreifen, warum der Übergangspräsident Ion Iliescu unter dem Druck kritischer Demonstranten zu einem Mittel der autoritären Ära gegriffen hat. Denn die Front holte sich ihre Unterstützung in einer organisierten Gegendemonstration, die nach dem alten Schema blockweise die Arbeiter von der Werkbank mit vorgefertigten Losungen durch die Hauptstadt marschieren ließ.

Schlimmer noch als dieser Missbrauch administrativer Macht – wie es einige Kritiker nennen – war ein Missgriff verbaler Art. Ion Iliescu wie auch Ministerpräsident Petre Roman griffen zu politischen Metaphern, die ebenfalls an autoritäre Zeiten erinnerten: „Basisdemokratie statt Mehrparteiensystem", begründet mit einem „rumänischen Sonderweg" – dies klang fatal, auch wenn es vielleicht nicht so gemeint war. Als Folge der Kritik wurden nun alle Parteien – insgesamt dreißig – proportional an der Macht beteiligt, und zwar im Rahmen eines Rates, der praktisch als kleines Übergangsparlament bis zu den Wahlen im Mai fungieren soll. Gleichzeitig aber geht die Suche nach einer neuen Integrationsfigur weiter. In dieser Lage gab es eine ungewöhnliche Sensation.

Erstmals veröffentlichte *România Liberă*, die kritische und wohl populärste Zeitung des Landes, ein Interview mit dem Ex-König Michael, der am 31. Dezember 1947 von den Kommunisten zum Rücktritt gezwungen wurde und seither in der Schweiz lebt. Die Zeitung begründete das ungewöhnliche Interview mit dem steigenden Interesse der Leser, sich in Fragen der konstitutionellen Monarchie sachkundig zu machen. Den König selbst zitierte das Blatt ohne kritische Nachfrage mit dem Satz: Das Ende der konstitutionellen Monarchie in Rumänien sei auch das Ende der Demokratie gewesen. Als Leitlinie aus der jetzigen verworrenen Lage empfahl der König diese Staatsform wieder als Alternative, weil nach seinen Worten die konstitutionelle Monarchie noch mehr als je zuvor nun die demokratische Entwicklung Rumäniens garantieren könne.

România Liberă ging sogar noch einen Schritt weiter. Als Forum bot sie dem König an, seine politische Plattform auf den Seiten der Zeitung zu veröffentlichen und einen Dialog zwischen König und Lesern einzuleiten. Doch das Blatt ist auch für andere Überraschungen gut, denn *România Liberă* veröffentlichte die ersten Heiratsanzeigen seit über vierzig Jahren. Ein Spiegelbild sozialer Verhältnisse: Die Männer suchen in diesen Anzeigen unterwürfige und hübsche Frauen. Die Frauen dagegen preisen sich als intelligent und selbständig an, um möglichst einen Ausländer zu finden, der durch eine Hochzeit den Weg aus der heimischen Misere ebnet.

In welcher Misere das Land wirklich steckt, bekommt der Besucher selbst in den ehemaligen Nobelhotels zu spüren, die nun voll in die Hand von Schwarzhändlern und Zuhältern geraten sind. Hier bricht ebenfalls ein Erbe der Unterdrückung auf, über das Hans-Otto Stamp, der Vizeminister für Bildung, urteilt: „Wir dürfen einer solchen Entwicklung nicht zusehen, sondern müssen politisch richtig reagieren."

Politik bedeutet in dieser Lage, neben den Taten auch hoffnungsvolle Perspektiven zu setzen; nicht nur für Produktion und Konsum, sondern auch für das Zusammenleben von Völkern, die unter Ceaușescu gezielt gegeneinander ausgespielt wurden. In verblüffend dummen Verordnungen waren die Ungarn und Deutschen in Rumänien verpflichtet worden, die geographischen und historischen Namen selbst im muttersprachlichen Unterricht nur auf Rumänisch zu benutzen. Der Satz „Wir fahren an das *Schwarze Meer*" hieß seither in den deutschen Lehrbüchern: „Wir fahren an das *Marea Neagră*".

Wie man dann solche Ausdrücke flektiert, war nur eine der Sorgen, mit denen sich im Bildungsministerium als verantwortlicher Abteilungsleiter Nikolaus Kleininger auseinandersetzen musste.

Als Konsequenz aus dem Umsturz hofft er darauf, dass nun Bedingungen geschaffen werden, unter denen auch die Rumäniendeutschen keinen Grund haben, weiter auf Ausreise zu dringen, weil man nun Einigkeit beim Aufbau einer demokratischen Gesellschaft anstrebe. Einigkeit besteht zunächst jedoch nur in der Ablehnung der alten Herrscherclique. Ihr Schicksal vereint noch einmal die rumänische Bevölkerung bis tief in die Nacht hinein vor dem Bildschirm, auf dem die Gerichtsverhandlungen gegen Ceauşescu-Anhänger übertragen wird.

BUKAREST, CALEA VICTORIEI. Es ist einer der Schauplätze der Dezemberrevolution, wo die Demonstrationszüge auf und ob wogten, wo die gewaltigen Rufe für Freiheit erklangen, für den Sturz der verhassten Diktatur. Viele Gebäude zeigen die Spuren der schweren Kämpfe, die hier stattgefunden haben. Baugerüste wurden jetzt aufgestellt – im Bild das Gebäude, wo sich im Parterre die Konditorei „Athenée Palace" befindet –, um die ersten schweren Schäden zu beheben. Foto: Walter Z a n g l

Überall Zerstörung
(01.01.1990)

Eine Szene aus der Bukarester Vorstadt: Der Fernseher ist alt. Ein Störton überlagert die vorwurfsvolle Stimme des Staatsanwaltes. Gebannt starrt ein junges Ehepaar auf die Angeklagten aus der ehemals obersten Führungsschicht. Empörung über den gestürzten Innenminister, der vorgibt, von dem militärischen Einsatz der Truppe nichts zu verstehen.

Wenn die Sprache auf den Geheimdienst Securitate kommt, sind alle trotz der späten Stunde weit nach Mitternacht hellwach. Das Sühnebedürfnis der rumänischen

Bevölkerung ist noch nicht gestillt. Ganz im Gegenteil, man fürchtet, dass die Henker von gestern durch die Machthaber von morgen gedeckt werden könnten. Eine Atmosphäre des Misstrauens, in der die angestrebte Demokratie Rumäniens in die Defensive geraten könnte.

(02.02.1990)

POLITISCHER WITZ ALS VERGANGENHEITSBEWÄLTIGUNG

Besuch beim rumänischen Radio

Die kleine Zufahrtsstraße zum Rundfunkgebäude im Zentrum von Bukarest ist durch Panzerwagen versperrt. Junge Soldaten kontrollieren die Passanten, Besucher werden mit geschultertem Gewehr und Marschschritt zum Eingang begleitet. Auch der Pförtner trägt Uniform. Dann Ausweis- und Körperkontrolle.

In der unteren Etage des Rundfunks lagern Tag und Nacht Dutzende von Soldaten. Sie vergnügen sich mit Karikaturen des gestürzten Diktators. Irgendjemand hatte begonnen, Bilder von Ceauşescu mit Teufelshörnern zu versehen. Dann ein Hitlerbärtchen, Dracula-Zähne. Ceauşescu als Karikatur. Dutzende dieser Bilder hängen jetzt im Foyer des rumänischen Rundfunks.

Eine Etage höher planen Redakteure ihr Programm. Hörerbriefe üben Kritik: „Eure Politik wollten wir sowieso nie hören", heißt es da. „Sendet mal endlich, was verboten war. Unsere Witze, die wir nur heimlich erzählt haben."

Des Hörers Wunsch wird Programm. Der politische Witz als Vergangenheitsbewältigung. Oft geflüstert, nun laut ausgesprochen.

Eine Anspielung auf den Größenwahn des ungebildeten „Conducător" (Führer), wie sich Ceaușescu später nannte. Beispiel:

Ceaușescu geht im Garten spazieren. Da fällt ihm ein Apfel auf den Kopf.

„Wieso fällt der Apfel runter?", fragt Ceaușescu empört einen Begleiter.

„Nun, Herr Präsident, das ist eben das Gesetz der Schwerkraft", lautet die Antwort.

Darauf ein nachdenklicher Ceaușescu: „So, und wann habe ich dieses Gesetz unterzeichnet?"

Aus Energiemangel wurde unter Ceaușescu das Fernsehprogramm auf zwei Stunden pro Tag verkürzt. Fragt ein ausländischer Politiker den Staatschef: „Herr Präsident, warum gibt es jetzt in Rumänien nur noch ein so kurzes Fernsehprogramm?"

Die Antwort des Diktators: „Schauen Sie, ich werde alt. Und länger als zwei Stunden täglich kann ich nicht mehr im Fernsehen reden."

Nun dürfen Funk und Fernsehen ihre Giftschränke öffnen. Im Hörfunk stehen Kisten mit der Aufschrift: „Nicht zur Sendung geeignet". Darin liegen Schallplatten und Tonbänder mit Schlagern, die für westliche Ohren harmlos, ja sogar kitschig klingen. Da ist die Rede von der Hoffnung auf ein besseres Morgen, vom lieben Gott, der alles richten wird, von Sehnsucht nach der Ferne oder von einem zünftigen Fest, wo deftig gegessen und getrunken wird. Für die Ohren der Zensoren verbarg sich dahinter Landesverrat, ideologische Unterwanderung, Aufruf zur Unruhe.

Dem verhassten Diktator und seiner Frau widmen die Rumänen, gewissermaßen als galligen Schlussstrich unter seine Herrschaft, einen der bösesten Witze:

Das diktatorische Ehepaar steht kurz vor der Hinrichtung.

„Was ist ihr letzter Wunsch?", fragt der Richter.

Die einmütige Antwort der beiden zum Tode Verurteilten:

„Eine möglichst schnelle Familienzusammenführung."

(03.2.1990)

DIE SIEGREICHE REVOLUTION brachte auch eine wahrhaft freie Presse hervor, doch die durch schwere Opfer errungene Freiheit muss weiterhin verteidigt werden, denn auch am 28. Dezember wurde an der Nordseite des Bukarester Polygraphischen Kombinats zeitweilig noch scharf geschossen, während auf der Südseite die zum Schutz des Gebäudes abkommandierten Soldaten sich in den soeben erschienenen Zeitungen über das politische Tagesgeschehen informieren konnten. Foto: Agerpres

Werben um die Soldaten
als Verbündete der Revolution gegen den Diktator
(27.12.1989)

DER PREIS DER ENTSCHULDUNG
Rumäniens Wirtschaft nach der Wende

Rumänien hatte seinen Weg in die Wirtschaftsreform ohne nennenswerte Auslandsschulden angetreten. Die rigorose Autarkiepolitik von Nicolae Ceauşescu ließ mit einer übertriebenen Exportpolitik den Binnenmarkt ausbluten, um sich dem Ausland gegenüber schuldenfrei zu halten. Mehr noch: Der rumänische Diktator zeigte sich sogar als Kreditgeber gegenüber Ländern der Dritten Welt großzügig.

Auf der anderen Seite hat die neue Führung in Rumänien jetzt ein veraltetes, umweltschädigendes Indu-strieerbe übernommen, welches in Osteuropa ohnegleichen sein dürfte. Die immer noch sozialistisch geprägte Führung der Front zur nationalen Rettung will bei ihren Wirtschaftsreformen das Staatseigentum in wesentlichen Teilen erhalten. Zwar wandelte sie die Großbetriebe in Handelsgesellschaften und autonome Regiebetriebe um. Doch letztlich sind diese Betriebe in Staatsbesitz geblieben. Es fehlt überdies ein Konkursrecht, um unproduktive Betriebe aufzulösen.

Auf diese Weise wird die Zahl der Arbeitslosen künstlich niedrig gehalten, ohne dafür die Produktivität zu steigern. Dabei sind in Rumänien bei 23 Millionen Einwohnern schon 750 000 Arbeitslose registriert.

Weitere 200 000 Beschäftigte weilen im Zwangsurlaub und erhalten dafür 60 Prozent ihres normalen Lohnes. Besonders wegen der Energieknappheit müssen Industriebetriebe immer wieder pausieren.

Riesige Erleichterung über den Sturz der Diktatur in Rumänien

Weltweit tiefe Empörung über schwerwiegende Menschenrechtsverletzung unter Ceauşescu-Regime

Berlin (Agerpres). — Über 2000 Menschen beteiligten sich Freitag abend an einer Demonstration gegen die verzweifelten Versuche der fanatischen Anhänger in Rumänien durch Gewalt zu untergraben. Die Demonstranten trugen Spruchbänder, auf denen es u. a. hiess stand „Der Ceausescu-Terror ist zu Ende — Freiheit für die Rumänen" und „Ceauşescu, Honecker — Brüder!"

Prag. — Die Regierung der Slowakischen Sozialistischen Republik ist über die schwerwiegenden Menschenrechtsverletzungen in Rumänien tief empört. Im Namen des slowakischen Volkes, der Regierung der Slowakischen SR spricht sie ihre volle Solidarität mit der Front den Nationalen Rettung in Rumänien aus, die mit Unterstützung der patriotischen Kräfte und der Militäreinheiten das totalitäre Ceauşescu-Regime gestürzt und den Weg zur Demokratisierung des Landes eröffnet hat.

Moskau. — Der Sprecher des sowjetischen Aussenministeriums Wadim Parfiljew wiedigte in seinem über eine Erklärung der Botschaft der UdSSR in Bukarest betreffend die Gewährung dringender sowjetischer Militärhilfe für die rumänischen Insurgenten wisse. „Wir haben keine Kenntnis von einer solchen Erklärung", sagte er einem Korrespondenten der Nachrichtenagentur France Presse. Die sowjetische Botschaft in Bukarest verneinte in einem Telefongespräch mit der Agentur EFE, dass sie den neuen rumänischen Behörden Militärhilfe angeboten habe. Ein Beamter der Botschaft präzisierte, dass man mit der neuen Regierung in Rumänien nur über sowjetischen materiellen Beistand gesprochen habe, so EFE.

Peking. — Die Chinesische VR verfolgt aufmerksam die Ereignisse in Rumänien, die sie als innere Angelegenheit dieses Landes betrachtet, erklärte ein Sprecher des chinesischen Aussenministeriums. Er äusserte die Hoffnung, dass die Freundschaft zwischen dem chinesischen und dem

rumänischen Volk fortbestehen wird und dass die Ereignisse die freundschaftlichen Beziehungen zwischen den beiden Ländern nicht beeinträchtigen werden.

Aus derselben Quelle wurde kategorisch das Gerücht dementiert, demzufolge der Diktator Ceauşescu in die Chinesische VR geflüchtet sei.

Havanna. — Die Bevölkerung wirkt an der Seite der Armee entschieden für die Liquidierung der Widerstandskräfte, der kriminellen Banden, heisst es in den Berichten der Nachrichtenagentur Prensa Latina über die Ereignisse aus Rumänien und insbesondere aus Bukarest. Es wird unter anderem präzisiert, dass ausländische Terroristen, Stipendiaten des gestürzten Diktaturregimes, versuchen, eine Atmosphäre der Spannung und Gewalt in Bukarest und in anderen Ortschaften des Landes aufrechtzuerhalten. Sie schiessen auf die Zivilbevölkerung, was zu zahlreichen Opfern geführt hat.

Paris. — Die nach dem Sturz Ceauşescus am Freitag in Rumänien eingesetzte neue Macht hat am Abend desselben Tages ein Aktionsprogramm verkündet, muss aber zur Zeit den vielfachen Angriffen seitens der Anhänger der Diktatur standhalten, meldet France Presse. Ausführlich über den heldenhaften Widerstand der Armee und des rumänischen Volkes gegen die Aktionen der fanatischen Gruppierungen berichtet. Präsentiert wurden auch die Hauptbestimmungen den, die das Rat der Front der Nationalen Rettung an das Land gerichtet hat.

Bonn. — Die Vorsitzende des Bundestags Rita Süssmuth hat eine Glückwunschbotschaft an das rumänische Volk gerichtet, in der hervorgehoben wird, dass die brutale Diktatur, eine Bastion des Stalinismus, die die Menschenrechte missachtet verletzt hat, in Rumänien gestürzt wurde. Sie betonte, dass der Freiheitswille des rumänischen Volkes sich als stärker erwiesen habe als die blutige Massaker und die Tyrannei, und sprach die Hoffnung

aus, dass Rumänien bald den inneren Frieden erreichen und einen gewaltlosen Reformprozess verwirklichen werde.

Der Vorsitzende der Freien-Demokratischen Partei (FDP), Otto Graf Lambsdorff, über die Beseitigung Ceauşescus erkennen Segen für Rumänien und man könne hoffen, dass Ceauşescu gehörig bestraft wird.

Wien. — Der ehemalige österreichische Kanzler, Bruno Kreisky, erklärte dass er die Beseitigung Ceauşescus riesig erleichtert sei. In den letzten 10 Jahren, sagte er auf einer Pressekonferenz in Wien, habe er mit Empörung das Verhalten des Stalinisten Ceauşescu verfolgt. Er bezeichnete den gestürzten Diktator als einen Tyrannen, dessen Brutalität die Grenzen des Irrsinns erreichte. Es war immer sehr klar, dass Rumänien mit unvorstellbar wichtigen Problemen konfrontiert war. Kreisky warnte vor einem schrecklichen Bürgerkrieg, denn der Hass müsse unermesslich sein.

Der ehemalige Kanzler wies darauf hin, dass Rumänien immer eines der reichsten Länder Osteuropas gewesen ist und sprach die Hoffnung aus, dass es erneut zu Reichtum gelangen werde.

London. — Der Leader der Labour-Partei Grossbritanniens, Neil Kinnock, erklärte, dass die Entmachtung Ceauşescus das schönste Weihnachtsgeschenk für das rumänische Volk und ein Triumph für die Freiheit ist. Niemand darf aber die Opfer des rumänischen Volkes vergessen, noch die schrecklichen Kräfte, die so viele Menschenleben gefordert haben. Alles, was sich in den Händen des Tyrannen befunden hat, betonte Kinnock, muss sofort dem rumänischen Volk zur Verfügung gestellt werden.

Tokio. — Die japanische Regierung hat die brutale Unterdrückung der Demonstrationen in Rumänien verurteilt. Die Aktionen des Diktaturregimes, durch die der Wille nach Freiheit und Demokratie in Rumänien erstickt werden sollte, waren eine systematische Verletzung der grundlegenden Menschenrechte.

Reaktionen aus aller Welt

Für die Bevölkerung gelten in diesem Winter noch dieselben Einschränkungen wie zur Ceauşescu-Zeit: Es ist verboten, elektrische Heizöfen zu betreiben, und die Zimmertemperatur bei Fernwärmeheizungen beträgt nur 15 Grad.

Ähnlich der deutschen Treuhand fungiert in Rumänien eine Nationale Agentur für Privatisierung, die auch kleinere und mittelständische Unternehmen fördern soll. Bis Ende letzten Jahres wurden fast 180 000 Privatfirmen gegründet, die nach jüngsten Angaben aber nicht einmal ein Fünftel der gesamten Wirtschaftsleistung des Landes erzielen. Rumänien versucht, mit einer Variante der Betriebsbeteiligung, das Vermögen wenigstens teilweise auf die Bevölkerung zu übertragen. 30 Prozent des Betriebsvermögens, dessen realer Wert jedoch außerordentlich schwer zu schätzen ist, will die Regierung mit Kupons verteilen, eine Idee aus der Tschechoslowakei. Der Rest des Vermögens, also 70 Prozent, steht zum freien Verkauf.

Dabei hat Rumänien erstaunlicherweise eines der liberalsten Gesetze für Auslandinvestitionen und Gemeinschaftsunternehmen geschaffen. Unter den ausländischen Investoren nehmen die Deutschen den ersten Platz ein. Sie sind an mehr als 1100 Firmen beteiligt. Doch der Finanzumfang solcher Unternehmen ist relativ gering. Von fast 7800 Gemeinschaftsfirmen verfügen weniger als 40 über mehr als eine Million Dollar Auslandskapital.

Völlig unklar ist die Lage in der Landwirtschaft. Wegen umstrittener Eigentumsrechte, so melden rumänische Zeitungen, ist Getreide auf mehr als 2,6 Millionen Hektar Anbaufläche verloren gegangen. Niemand hat sich zuständig gefühlt. Die Reprivatisierung in der Landwirtschaft beschränkte sich zunächst auf nur zehn Hektar pro Person. Dagegen blieben die großen staatlichen Landwirtschaftsbetriebe erhalten.

(07.02.1990)

ERNEUTE REVOLTE
Zielscheibe Iliescu

„Jos comunismul și fesenismul – Nieder mit dem Kommunismus und mit der Frontpolitik!".

Eine kämpferische Losung an den Hauswänden von Bukarest. Damit werden die alten und die neuen Machthaber gleichermaßen angegriffen. Das politische Übergewicht der Front zur nationalen Rettung hat schon zahlreiche Demonstrationen ausgelöst, die nun zu einem Sturm auf den Regierungssitz in Bukarest geführt haben. Die Stimmung ist aufgeheizt. Die Bevölkerung bemängelt, dass zu viele alte Ceaușescu-Anhänger nun wieder die Macht an sich ziehen. Die protestierenden Offiziere hatten zwar erreicht, dass der Verteidigungsminister abgelöst wurde. Doch mit den erneuten, gewaltsamen Demonstrationen konnte nicht auch noch der umstrittene Vizepremier Gelu Voican Voiculescu gestürzt werden. Der heftig attackierte Politiker wehrte sich öffentlich gegen die gewalttätigen Demonstrationen mit den Worten: „Unter dem Druck eines solchen Haufens von Pöbel tritt man nicht zurück."

Die Demonstranten, die nach Darstellung des rumänischen Fernsehens auch ein namentlich nicht genanntes Regierungsmitglied angegriffen haben sollen, verwüsteten Räume des provisorischen Regierungssitzes und warfen Akten aus dem Fenster. Angeblich sollen einige mit Eisenstangen bewaffnet gewesen sein. Augenzeugen berichten, dass unter den gewalttätigen Demonstranten etliche

Personen angetrunken waren. Nicht bestätigt ist bislang die Meldung, dass zwei Soldaten im Zusammenhang mit diesen Ausschreitungen tödlich verletzt worden sind. Der Regierungssitz ist in der Regel von etwa 60 Soldaten umstellt. Auf der Wiese vor dem Gebäude und auf der vorbeiführenden Straße sind Panzerwagen zum Schutz der provisorischen Regierung stationiert.

Zielpunkt der Kritik ist in Rumänien jedoch vor allem der neue amtierende Präsident Ion Iliescu. Ihm wird vorgeworfen, ebenfalls eine diktatorische Politik zu betreiben. Iliescu wehrte sich jüngst gegen diese Angriffe mit dem Hinweis, in Rumänien sei eine Diktatur überhaupt nicht mehr möglich.

„Ich würde die Führung aufgeben", so argumentierte Iliescu, „wenn jemand anderer bereit ist, das persönliche Risiko zu übernehmen."

***

Die jüngsten Demonstrationen in Rumänien waren ein Ausbruch extremer Gewalt, nicht zu rechtfertigen mit einer politischen Gegnerschaft zur Übergangsregierung. Auch wenn sich viele Argumente kritisch gegen die jetzigen Machthaber richten, muss man denjenigen Stimmen in der Bevölkerung Recht geben, die angesichts öffentlicher Akten- und Bücherverbrennung, angesichts der Erstürmung des Regierungssitzes mit Waffengewalt einen Rückschlag für das Ansehen des Landes befürchten.

Nicht zufällig fanden sich sogleich Tausende von Bergarbeitern bereit, die sich aus der Provinz zu einem Marsch nach Bukarest aufmachten, um den heftig attackierten Präsidenten Ion Iliescu zu unterstützen. Damit ist auch die Zäsur zwischen Befürwortern und Gegnern der jetzigen Machtverteilung in Rumänien deutlich geworden:

Innerhalb der Hauptstadt, unter Intellektuellen, Studierenden und dem – soweit es noch existiert – Bürgertum ist die Politik der Front zur nationalen Rettung umstritten. Man bemängelt vor allem die Übernahme allzu vieler Politiker aus der Zeit der Diktatur. Allen voran Ion Iliescu.

In den Industriebetrieben und teilweise auch in der ländlichen Bevölkerung gilt dagegen die Front und in Sonderheit Ion Iliescu als die einzig erkennbare Kraft, die derzeit den weiteren Gang der Entwicklung bestimmen kann.

Als Kompromiss zwischen beiden politischen Flügeln im Land waren bereits 30 Parteien an dem provisorischen Rat beteiligt worden, der gewissermaßen als Übergangsparlament bis zu den Wahlen im Mai 1990 fungieren soll. Doch dieser Rat ebenso wie die Regierung selbst müssen sich vorwerfen lassen, dass ihnen nach demokratischen Gesichtspunkten die Legitimation fehlt. Dahinter verbirgt sich auch die große Unsicherheit, von der die augenblickliche Lage in Rumänien bestimmt ist. Der Aufbruch in den Umsturz hatte begonnen, ohne dass Wege und Ziele dieses Aufbruchs in erkennbarer Weise definiert gewesen wären.

Die Schwierigkeit besteht nicht nur für die vielen neu gegründeten Parteien, sondern auch für die unmittelbaren Nachfolger des Diktators darin, zwei Dinge gleichzeitig zu tun, die eigentlich erst linear aufeinander folgen können: Nämlich erst Programme zu entwickeln und damit anschließend Wahlkampf zu führen. Doch schon im Mai 1990 soll die Bevölkerung ihr Votum über das erste frei gewählte Parlament nach mehr als vier Jahrzehnten abgeben.

Für viele Gruppierungen kommt dieser Termin zu früh, für die Front zur nationalen Rettung, die sich als Zusammenschluss verschiedener Interessengruppen versteht, kommt dieser Termin jedoch sehr gelegen. Denn je ungenauer das politische Profil bleibt, umso mehr Menschen glauben, sich mit den Zielen der Front identifizieren zu können. Eine scheinbar spontane Volksbewegung, die zur Volkspartei werden will. Ungeachtet der späteren Erkenntnis, dass vieles schon von langer Hand vorbereitet war.

Dennoch scheint Ion Iliescu die von ihm angestrebte Rolle einer Integrationsfigur nicht zu erfüllen. Sein Fehler bestand darin, seine Anhänger mit Massenaufmärschen mobilisiert zu haben. Seither trägt Iliescu zur Polarisierung in der rumänischen Bevölkerung bei. Auch der Stallgeruch seiner kommunistischen Vergangenheit wird ihm zunehmend angelastet.

Als Versuch einer politischen Ehrenrettung hat nun ein General im Ruhestand vor einem großen Fernsehpublikum Ion Iliescu als mutigen Verschwörer gegen die Diktatur gelobt, und zwar als einen Verschwörer, der bereits vor sechs Jahren den Tyrannensturz vergeblich geprobt haben soll.

Wenn aber Iliescu damals ein so prominenter, wenngleich erfolgloser Held und Gegenspieler des Diktators gewesen war, dann wundert man sich, wie er die nachfolgenden Jahre ohne arge Blessuren unter Ceaușescu überleben konnte, der mit seinen politischen Gegnern in der Regel kurzen Prozess gemacht hat.

Die Bevölkerung in Rumänien wird auch solche Widersprüche bemerken.

(19.02.1990)

AUFARBEITUNG
Prozesse gegen die Täter

Mit atemloser Spannung verfolgten die Rumänen im Februar 1989 nächtelang die Fernsehaufzeichnungen vom ersten Prozess, mit dem die strafrechtliche Bewältigung der Ceaușescu-Diktatur eingeleitet wurde. Vier von Ceaușescu's treuesten Vasallen aus der obersten Führung, darunter auch sein Innenminister, waren zu lebenslanger Haft verurteilt worden. Dennoch vermittelte dieser Prozess nicht jene Genugtuung, die sich die Rumänen nun vom zweiten Prozess versprechen, der in Temeswar geführt wird.mWährend zunächst Schreibtischtäter vor Gericht standen, handelt es sich jetzt um 21 Mitglieder des berüchtigten Geheimdienstes Securitate, die in der Revolution durch Mord und Terror der letzte spürbare Arm des Diktators gewesen sind.

Die Symbolkraft dieses Prozesses liegt vor allem darin, dass man die Angeklagten in jener Stadt vor Gericht stellt, in der nicht nur die Verbrechen an der Bevölkerung verübt wurden, sondern von der aus der Funke des Widerstandes zum Sturz der Diktatur gezündet wurde. Die Erwartungen der örtlichen Bevölkerung sind hoch. Man erwartet zumindest eine moralische Wiedergutmachung, die nicht allein in der Bestrafung der Täter besteht. Vielmehr erwartet die Bevölkerung von Temeswar Auskunft über die wirkliche Zahl der Todesopfer während jener dramatischen Tage im Dezember 1989.

Im ersten Prozess gegen die Gefolgsleute des Diktators war festgestellt worden, dass nicht Tausende, sondern „nur" 687 Menschen während des Umsturzes getötet worden sein sollen. Die Wogen der Empörung schlugen darüber vor allem in der Provinz hoch, wo immer wieder von deutlich mehr Opfern gesprochen wurde. Die Anklage gegen die Securitate-Kämpfer lautet „blutrünstige Repressionen gegen das unbewaffnete Volk" und geht davon aus, dass in Temeswar bis Ende Dezember 1989 nur einhundert Personen getötet und 300 Personen verletzt worden sind. Die Anklageschrift unterstellt, dass Ceauşescu ohne Zustimmung der örtlichen Behörden Militär- und Parteivertreter nach Temeswar geschickt hat, um den Aufstand im Keim zu ersticken.

Der Prozess ist von strengen Sicherheitsvorkehrungen begleitet. Denn in der Bevölkerung halten sich immer noch Gerüchte über mögliche Vergeltungsschläge untergetauchter Geheimdienstkämpfer. Genährt werden solche Gerüchte durch den Selbstmord von Generalleutnant Popa, der als Vorsitzender Richter das Militärtribunal geleitet hatte, von dem Ceauşescu und seine Ehefrau zum Tode durch Erschießen verurteilt worden waren. Obwohl der Name des Generals oder auch Bilder von ihm aus Sicherheitsgründen nicht veröffentlicht worden waren, hatte er mehrfach Morddrohungen erhalten und – nach Angaben der Übergangsregierung – im Justizministerium Selbstmord verübt. Auch der Arzt, der Ceauşescu in der Haft untersucht hatte, soll bereits tot sein. Der Arzt war neben dem Diktator und seiner Ehefrau als einzige Person nach der Gefangennahme in einer Videoaufzeichnung zu sehen gewesen. In der Zwischenzeit hat sich nach Angaben der jugoslawischen Nachrichtenagentur Tanjug der

Ceaușescu-Sohn Nicu in einem Interview zu Wort gemeldet. Nicu war als Parteichef von Sibiu (Hermannstadt) in Zentralrumänien eingesetzt. In diesem Interview beschuldigt er seinen Vater, nicht rechtzeitig die Bedeutung notwendiger Reformen begriffen zu haben. Gerüchte über eine Beziehung des Ceaușescu-Sohnes mit der Kunstturnerin und Olympiasiegern Nadia Comăneci bezeichnet Nicu als „reinste Hirngespinste". Auch gegen ihn wird ein Prozess vorbereitet.

(01./02.03.1990)

***

Der Verlauf des Prozesses gegen 21 Mitglieder der Securitate in Temeswar flößt vielen Menschen eher Misstrauen ein. Die Verhandlungen schleppen sich dahin, ohne zur Aufklärung der Verbrechen beizutragen. Ein rumänischer Reporter berichtet für seine Heimatzeitung, wie die Angeklagten auftreten: „Lächelnd, sogar charmant, redegewaltig, nichtssagend, scheinbar kooperativ und entgegenkommend, sich dann aber jedweden präzisen Aussagen entziehend."

Bisher sind landesweit Verfahren gegen 210 Mitglieder der Securitate eingeleitet worden. Von zehntausend Agenten, die im Dienst der Securitate standen, sind lediglich etwas mehr als 3.500 entlassen worden. Selbst aus der berühmten Eliteeinheit, die auf Mord und Terror gedrillt war, wurden nach Angaben der Regierung 500 so genannte junge Kaderkräfte in die Armee übernommen. Auch die Abhörspezialisten der technischen Abteilung stehen nun der neuen Regierung wieder zur Verfügung. Von 1.700 Securitate-Lauschern wurden lediglich 215 entlassen.

(12.03.1990)

NATIONALITÄTENKONFLIKT

Ungarisch-rumänischer Schlagabtausch

Mit Übergriffen rumänischer Nationalisten auf ungarische Minderheiten in Siebenbürgern (Transsilvanien) ist der schwelende Nationalitätenkonflikt erstmals seit dem Sturz des Diktators offen ausgebrochen. Bereits seit Wochen findet ein administrativer Kleinkrieg zwischen beiden Nationen innerhalb Rumäniens statt. Die ungarische Minderheit fordert für sich Autonomierechte und verwies alle rumänischen Schüler aus den ungarischen Schulen. Die Rumänen wiederum behindern den Post- und Zeitungsversand aus Ungarn zu den Minderheiten in Siebenbürgen und erlauben auch keine ungarischen Geschichtsbücher in den Schulen der Minderheit. Umstritten ist die Frage, wer das ältere Heimatrecht in Siebenbürgern erworben hat, die Ungarn oder die Rumänen, deren Nation jedoch erst sehr viel später geformt wurde. Große Teil der deutschen Minderheit der Siebenbürger Sachsen und der übrigen Rumäniendeutschen, ehemals 800.000, konnte schon vor der Revolution gegen Ceaușescu gegen Kopfgeldprämien in die Bundesrepublik auswandern. Bis auf ganz kleine Reste haben dann auch die übrigen Rumäniendeutschen mit den Wirren der Revolution das Land verlassen.

Das neuerliche, teilweise gewaltsame Vorgehen einer rumänisch-nationalistischen Organisation gegen die ungarische Bevölkerung in Târgu Mureș hat hingegen die Regierung in Budapest zu einer Dringlichkeitsnote an UNO-

Generalsekretär Pérez de Cuéllar veranlasst. In dieser Note wird auf die andauernden Menschenrechtsverletzungen gegenüber der ungarischen Minderheit in Rumänien hingewiesen und es wird das Eingreifen der Vereinten Nationen verlangt. Es ist das erste Mal, dass die ungarische Regierung seit dem Umsturz in Rumänien in dieser Schärfe in dem Konflikt Partei ergreift.

Die nationalistische rumänische Bewegung namens *Vatra Românească* (Die Wiege oder der Herd Rumäniens) hatte gut organisiert in Târgu Mureş ein Haus der Ungarischen Demokratischen Front überfallen und verwüstet. Nach Angaben der Budapester Regierung sollen dabei Polizei und Militär tatenlos zugeschaut haben.

Der rumänische Übergangspräsident Iliescu hatte in einer Fernsehansprache zu den Übergriffen Stellung genommen, ohne dabei die nationalistische Organisation namentlich zu erwähnen. Als Anlass für das Aufbrechen des Konflikts gilt ein Streik ungarischer Medizinstudenten, die ab sofort eine Ausbildung in ihrer Muttersprache verlangten.

Die Stadt Târgu Mureş, auf Deutsch Neumarkt, auf Ungarisch Marosvásárhely, hat eine besondere historische Bedeutung. Denn diese Stadt war das Zentrum der ungarischen autonomen Region, die von Ceauşescu aufgelöst wurde. In dieser Stadt wurde der letzte siebenbürgische Fürst gekrönt zu einer Zeit, als das Gebiet noch ein von Ungarn abhängiges Fürstentum war. Die symbolische Bedeutung dieses Ortes ist jedoch erst dann richtig zu verstehen, wenn man weiß, dass in Târgu Mureş Anhänger des ungarischen Nationalhelden Lajos Kossuth (1802-1894) hingerichtet worden waren, der seit Mitte des letzten Jahrhunderts als Symbolfigur des ungarischen Freiheitskampfes gilt.   (20.03.1990)

***

Demonstrationen und Gegendemonstrationen führten in Târgu Mureş erneut zu weiteren Zusammenstößen. Die vorläufige Opferbilanz gab ein offizieller Sprecher der Regierung im rumänischen Rundfunk bekannt: sechs Tote und 294 Verletzte, darunter 36 Schwerverletzte.

Nachdem sich bereits der ungarische Außenminister Gyula Horn mit einer dringlichen Note an den UNO-Generalsekretär gewandt hatte, veröffentlichte die Regierung in Budapest auch ein Protestschreiben des ungarischen Ministerpräsidenten Miklós Németh an seinen rumänischen Amtskollegen Petre Roman. Darin warnte der ungarische Premier vor unabsehbaren Folgen und warf der Regierung in Bukarest vor, sie stelle interne Machtkämpfe über die Rechte der ungarischen Minderheit. Außerdem, so hieß es in dem Brief, mache Bukarest unannehmbare Zugeständnisse an rassistische Kräfte.

(21.03.1990)

***

Der Konflikt um die ungarische Minderheit in Siebenbürgen weitet sich zu einer diplomatischen Krise zwischen Budapest und Bukarest aus. In einer sehr ausführlichen Erklärung hat die rumänische Regierung ausschließlich Ungarn verantwortlich gemacht für die nationalen Zusammenstöße. Demnach seien die ungarischen Gedenkfeiern zum Freiheitsaufstand von 1848 dazu missbraucht worden, in den ungarisch besiedelten Gebieten von Rumänien „provokative Lieder und Losungen zu benutzen, welche die Gefühle der rumänischen Nation verletzen." Auch seien rumänische Ortsnamen mit den alten ungarischen Namen übermalt worden. Letzter Anstoß für den blutigen Konflikt sei laut der Regierungserklärung aus Bukarest ein Appell des ungarischen Staatspräsidenten Mátyás Szürös gewesen. Er habe, so die Beschuldigung, die ungarische Minderheit in Rumänien dazu gedrängt, sich selbst zu organisieren auf der Grundlage der Idee, dass Siebenbürgen altes ungarisches Land gewesen sei.

Der rumänische Ministerpräsident bezeichnete in diesem Zusammenhang die Haltung der ungarischen Regierung als „zunehmend feindlich", stellte allerdings ein klärendes Telefongespräch mit seinem ungarischen Amtskollegen in Aussicht. Insofern deuten sich im Konflikt um die ungarische Minderheit in Rumänien politische Lösungsversuche an. Denn die Regierung in Budapest hat der rumänischen Führung Verhandlungen vorgeschlagen, auf welche Bukarest bereits positiv reagiert hat.

(22.03.1990)

ERSTE FREIE WAHLEN
Die Macht des Umsturzes etabliert sich

Niemand will von einem systematischen Wahlbetrug sprechen. Doch die Skepsis der Opposition ebenso wie der ausländischen Wahlbeobachter in Rumänien ist groß. Nach Ansicht des amerikanischen Senators „Joe" Lieberman, der die 60-köpfige Delegation von Beobachtern leitete, ist die „demokratische Glaubwürdigkeit der Front bei diesen Wahlen nicht voll bestätigt worden". Beispiel: Ein Stimmzettel war bereits zu Gunsten der Front abgestempelt worden, noch bevor er dem Wähler ausgehändigt worden war. So schildert es der ehemalige amerikanische Senator Harrison Schmitt. Vertreter der Sozialistischen Internationale haben daher die Bildung einer internationalen Kommission angeregt. Diese Kommission soll die Gesetzlichkeit der Wahlen überprüfen. Doch trotz dieser Unregelmäßigkeiten sind sich die Beobachter einig: Die Tatsache, dass die Wahlen überhaupt stattgefunden haben, ist ein großer Schritt Richtung Demokratie.

Die amtliche rumänische Presseagentur ROMPRES (Januar 1990 umbenannt aus AGERPRES), die den ganzen Wahltag über minutiös berichtet hatte, hielt sich in der Wiedergabe der Kritik zunächst deutlich zurück. Auch Ministerpräsident Petre Roman ließ verlauten, ihm lägen keine Berichte über Unregelmäßigkeiten vor.

Obwohl die Auszählung der Stimmen noch andauert, gehen alle Beobachter davon aus, dass die ersten Prognosen über den Wahlausgang weitgehend zutreffend sind. Demnach dürfte bei der Direktwahl des Präsidenten Ion Iliescu mehr als 80 % der Stimmen erhalten haben, während auf seine beiden Mitbewerber von der Liberalen Partei und der Bauernpartei nur elf beziehungsweise sechs Prozent der Stimmen entfielen. Für die beiden Kammern im Parlament, für die Abgeordnetenkammer und für den Senat, wird nach Vorlage bisherige Berechnung eine Mehrheit der Front von etwa 65 Prozent der Stimmen errechnet. Die nächstgrößere Gruppierung dürften dann die Liberalen mit lediglich knapp acht Prozent sein. Alle weiteren Parteien liegen den Prognosen nach mit ihrem Wahlergebnis noch darunter. Neben der Front, die das absolute Übergewicht in der politischen Landschaft Rumäniens einnimmt, konnten sich – wenn auch nur mit wenigen Prozentpunkten – von über 80 Gruppierungen vermutlich fünf weitere Parteien mit zehn oder mehr Abgeordneten für das Parlament etablieren. Die Front allein dürfte hingegen nach bisheriger Prognose mehr als 250 Abgeordnete in das Parlament entsenden können.

***

Rumänien hat konservativ gewählt. Die Mehrheit des Landes entschied sich für eine politische Kraft, die ihre Macht in der Revolution gegen Ceaușescu erworben hat. Ihre Gegner behaupten, diese Macht sei nicht erworben, sondern mit dem alten Apparat ererbt worden.

Beides ist richtig und beides ist widersprüchlich. Politische Realität in Rumänien hat ein halbes Jahr nach dem

Sturz der Diktatur noch wenig mit demokratischem Pluralismus gemein, wie er im Westen oft missverständlich auf das Kernland des Balkans projiziert wurde. Konservativ wählen heißt in dieser Situation, die politischen Verhältnisse nach dem Umsturz bestätigen und nicht noch einmal das Risiko eines neuerlichen, nun demokratisch eingeleiteten Neuanfangs zu wagen. Aus dem Interimspräsidenten Ion Iliescu ist das durch Wahlen legitimierte Staatsoberhaupt geworden. Seine kommunistische Vergangenheit, seine hohe Funktion als ZK-Sekretär wiegen in den Augen der Rumänen leichter als sein Engagement während der Revolution. Die starke Hand von Iliescu, der sich geschickt seiner Konkurrenten zu entledigen wusste und die wirklichen Dissidenten der Ceauşescu-Zeit mit überraschender Souveränität, um nicht zu sagen, mit überraschendem Zynismus an die Wand gespielt hat, diese starke Hand hat den Wahlkampf mitgelenkt und die Wahlen mitentschieden. Die Front zur nationalen Rettung wäre ohne Iliescu profillos auseinandergelaufen. Sein „Verdienst" im Sinne seines Wahlsieges lag darin, die Opposition zum Zeitpunkt einer heiklen Machtprobe im Februar 1990 in die provisorische Regierungsgewalt eingebunden zu haben, ohne der Opposition irgendwelche Gelegenheit zur Profilierung zu lassen.

Wenn bis zur Wahl gegen Iliescu demonstriert und er dabei mit Ceauşescu gleichgesetzt wurde, dann auch deswegen, weil er die Machtausübung innerhalb weniger Monate gleichsam auf seine Person zugeschnitten hat. Der Umgang mit der Macht sagt noch nichts über die politische Gesinnung des Machthabers. Glaubwürdige Zeugen halten Iliescu inzwischen für einen linken Sozialdemokraten. Andere Zeugen, nicht weniger glaubwürdig, entdecken in Iliescu noch immer den Ideologen, der sich von der kommunistischen Grundidee der Kaderorganisation nicht habe trennen können.

Die Wähler haben nach anderen Kriterien entschieden. Iliescu war im Land, hat ihr Schicksal mehr oder weniger geteilt, während seine beiden Herausforderer als betuchte Emigranten mit der Geste der Generosität als Präsidentschaftsbewerber nach Rumänien zurückkehrten.

Iliescu bedeutet für die rumänischen Wähler Identität. Dass er dabei auch mit einer Politik der Stärke identifiziert wurde, an die sich viele Rumänen unfreiwillig gewöhnt haben, wird ihnen – wenn überhaupt – erst später klarwerden.

(21.05.1990)

EINE VATERFIGUR FÜR RUMÄNIEN

Warum der Reformkommunist Iliescu
an der Macht bleibt

Die Rumänen haben keinen Präsidenten gewählt, sondern eine Vaterfigur, die autoritätsstark eine geheime Sehnsucht nach festen Verhältnissen befriedigt. Die rumänische Gesellschaft ist deshalb nicht undemokratischer als viele andere postkommunistische Gesellschaften. Ion Iliescu, an dessen endgültigem Sieg im zweiten Wahlgang niemand mehr zweifelt, ist nämlich nicht der Kompromiss, sondern das Produkt des politischen Übergangs. Wirtschaftlicher Zusammenbruch, nationalistischer Aufbruch und politische Orientierungslosigkeit sind die drei Säulen der bedrückenden Gegenwart in Ost- und Südosteuropa. Rumänien macht dabei keine Ausnahme.

Die Führungsfiguren, die sich dabei in den Reformstaaten bislang behaupten konnten, haben zum überwiegenden Teil ihre politische Erfahrung im kommunistischen Apparat erworben und sich mit diesem Wissen auch unter veränderten politischen Vorzeichen durchsetzen können. Das gilt nicht nur für Iliescu in Rumänien. Das gilt auch für Boris Jelzin in Russland, für Leonid Krawtschuk in der Ukraine, für Nursultan Nasarbajew in Kasachstan. Allerdings haben die unterschwelligen Stimmungsbilder in Westeuropa vor allem den rumänischen Präsidenten mit dem Dunst kryptokommunistischer Machtausübung umgeben, während die anderen gewandelten Kommunisten überwiegend als wiedergeborene

Demokraten hofiert werden. Zugegeben: Rumänien war ein Sonderfall. Der Umschwung war blutig. Und der „Mann der ersten Stunde", Ion Iliescu, hatte es geschafft, den vermeintlichen Volksaufstand gegen das Regime von Nicolae Ceauşescu zum persönlichen Machtgewinn umzuformen. In der anschließenden Phase als Präsident war Iliescu der eher schweigende Vertreter einer schweigenden Mehrheit, die ihn nun wieder bestätigt hat.

Das Außenbild Rumäniens wurde mit groben Strichen gezeichnet: Straßenkrawalle, politische Zusammenstöße, Unterdrückung der Opposition, Spaltung der Front zur nationalen Rettung. Iliescu wurde in der Auslandspresse zur Negativfigur stilisiert und sammelte dadurch bei der erwähnten schweigenden Mehrheit Rumäniens eher noch mehr Pluspunkte. Dennoch hat sich Rumänien mit dieser Wahl nicht in das politische Abseits katapultiert. Eine solche Schlussfolgerung ist falsch. Die rumänische Regierung hat bisher schon die Experten überrascht mit den wohl liberalsten Wirtschaftsgesetzen, die in den osteuropäischen Reformstaaten verabschiedet wurden. Der Wandel zur Marktwirtschaft ist – auch bei schleppender Privatisierung – zumindest in der Legislative erstaunlich weit vorangekommen. Der größte Klotz am Bein sind die unproduktiven staatlichen Industriegiganten, an denen hunderttausende von Arbeitsplätzen hängen. Hier kann man leicht den mahnenden Finger heben und von dem Beharren auf alten Strukturen sprechen. Die Macht des Faktischen, nämlich der wirtschaftliche Zusammenbruch, ist eben stärker, als jeder Versuch von Reform und Privatisierung. Dass hier die große Katastrophe dank staatlicher Reglementierung noch hinausgezögert wurde, wird von vielen Rumänen als Verdienst von Ion Iliescu angesehen.

Seine Kritiker hingegen betonen mit diesem Beispiel Iliescus mangelnde Reformbereitschaft. Sicher könnte ein entschlossenerer Reformer die Wirtschaft noch mehr durcheinander wirbeln. Doch der Preis dafür ist hoch, wie das Beispiel Russland zeigt: Instabilität statt Integration auf nahezu allen gesellschaftlichen Ebenen.

Das Urteil über Politik wird aber nicht nur mit der Persönlichkeitswahl des Präsidenten entschieden. Auch die beiden Kammern im rumänischen Parlament wurden neu besetzt. Und hier deutet sich ein Umschwung an.

Die saturierte Mehrheit der Front, die ohnehin schon gespalten war, ist weg. Die Alleinregierung einer einzigen politischen Gruppe ist unmöglich. Die beiden Front-Parteien, die oppositionellen Demokraten, die Nationalisten und die ungarische Minderheit - sie alle bilden nur noch Bruchteile einer künftigen regierungsfähigen Mehrheit. Nachdem zwar schon viele Rathäuser von der Opposition erobert wurden, kann rein rechnerisch die Opposition dennoch in einer neuen Regierung wohl kaum zum Zuge kommen. Hier droht Ungemach. Denn ein Zusammenschluss zwischen den nationalistischen Gruppierungen und dem Iliescu-Flügel der Front zur nationalen Rettung scheint denkbar. Eine Perspektive, die schlimmere Auswirkungen haben kann als die Wiederwahl des rumänischen Präsidenten. Die Mischung zwischen rumänischem Nationalismus und den Relikten autoritärer Machtausübung wird den nationalen Konsens vor allem mit der ungarischen Minderheit gefährden.

(29.05.1990)

PUTSCH ODER VOLKSAUFSTAND?

Fragen zur unvollendeten Revolution

Die Hintergründe um den Sturz des rumänischen Diktators Ceaușescu haben eine wahre Flut von Bekenntnissen, Verdächtigungen und Dementis ausgelöst. Anlass ist die These, Ceaușescu sei durch einen Putsch innerhalb der Partei und des Militärs, nicht aber durch einen Volksaufstand entmachtet worden.

Rumänisch-sowjetisches Einvernehmen jetzt besonders wichtig

Telefongespräch zwischen Ion Iliescu und Michail Gorbatschow

Ein Telefongespräch zwischen Ion Iliescu, dem Vorsitzenden des Rates der Nationalen Rettung, und Michail Gorbatschow, Vorsitzender des Obersten Sowjets der UdSSR, hat Mittwoch nachmittag stattgefunden. Nach dem Inhalt des Gesprächs gefragt, erklärte Ion Iliescu, Gorbatschow habe ihm auch mündlich die herzlichen Gefühle und die Unterstützung für die revolutionären Umgestaltungen in Rumänien aussprechen wollen, nachdem er ihm bereits eine schriftliche Botschaft der Freundschaft gesandt hatte. Wir wünschen uns beiderseits eine neue gesunde Entwicklung der Beziehungen zwischen unseren Ländern, sagte Ion Iliescu.

Im Zusammenhang mit dem Telefongespräch von Mittwoch unterstrich auch Michail Gorbatschow, dass der Akzent auf die Änderungen in den beiden Ländern gesetzt worden ist. Er informierte, die Front der Nationalen Rettung schätze es, dass der zweite Kongress der Volksdeputierten die Werktätigen Rumäniens in ihrem revolutionären Kampf gegen das Diktaturregime, für die demokratischen Umgestaltungen und die Erneuerung der Gesellschaft unterstützt hat. Gorbatschow und Iliescu waren sich einig, dass das gegenseitige Einvernehmen und die gegenseitige Unterstützung der beiden Länder und Völker, die Festigung der Zusammenarbeit in allen Bereichen in der gegenwärtigen Zeitspanne besonders wichtig sind.

Schneller Schulterschluss mit Gorbatschow.
Später wurde Iliescu als Moskaus Drahtzieher hinter dem Putsch vermutet.
(27.12. 1989)

129

Während sich ehemals führende Mitglieder der jetzt regierenden Front dazu bekennen, an dem Putsch mitgewirkt zu haben, leugnet der Hauptbeteiligte, der heutige Präsident Iliescu, etwas zweideutig eine Verschwörung. Von einem gewissen Standpunkt aus, so erklärte jetzt Iliescu, war das gesamte Volk Teil einer riesigen Verschwörung, Doch die Fakten sind anders. Schon zwei Jahre vor dem Sturz des Diktators verfolgte die Rumänienexpertin Dr. Anneli Ute Gabanyi in ihren Analysen, wie sich der heutige Präsident Iliescu als Gegenkandidat Moskaus auf die Machtübernahme nach einem Sturz des Diktators vorbereitet hat.

Die atemberaubenden Details sind später bruchstückhaft vor allem in der französischen Presse publiziert worden und lassen sich in dem Buch von Anneli Ute Gabanyi unter dem Titel *Die unvollendete Revolution* (München 1990) nachlesen. Die dort geschilderten Fakten sind es, die nun in Rumänien eine brisante politische Diskussion ausgelöst haben. Ausgangspunkt ist die Tatsache, dass Ceauşescu aus Sorge um seine Unabhängigkeit 25 Jahre lang immer wieder versuchte, Partei und Militär von Moskau treuen Anhängern zu reinigen. Zu ihnen gehörten Iliescu und seine Freunde, die sich regelmäßig in der sowjetischen Bibliothek in Bukarest trafen, zum Schachspielen - wie es hieß.

Doch die Liste dieser Freunde ist identisch mit der Namensliste der Führungsgarde nach dem Sturz von Ceauşescu.

Ein Videofilm zeigt dieselben Männer, wie sie am Tage der Revolution, am 22. Dezember 1989 die Frage diskutieren, unter welchem Namen sie in der Öffentlichkeit antreten sollen. Der spätere Verteidigungsminister Militaru schlug vor, man solle sich als *Front der Nationalen Rettung* im Fernsehen vorstellen, denn unter diesem Namen habe man sich ja bereits sechs Monate zuvor zusammengeschlossen. Damit ist klar, dass die Front nicht erst spontan während der Revolution entstanden ist.

Rumänisch-sowjetisches · Einvernehmen

Ion Iliescu und Petre Roman führten in Bukarest Gespräche mit E. A. Schewardnadse

B u k a r e s t. — Am 6. Januar 1990 weilte E. A. Schewardnadse, Mitglied des Politbüros des ZK der KPdSU, Aussenminister der UdSSR, zu einem offiziellen Besuch in Bukarest. Ion Iliescu, Vorsitzender des Rates der Front der Nationalen Rettung Rumäniens, und Petre Roman Premier'minister, empfingen E. A. Schewardnadse und führten Gespräche mit ihm. Der Gast übermittelte der Leitung des Rates der Front der Nationalen Rettung eine mündliche Botschaft und einen Gruss seitens M. S. Gorbatschow.

Außenminister Schewardnadse
als erster Besucher aus Moskau
(9.1.1990)

Selbst bei dem Volksaufstand in Temeswar sollen die Verschwörer mit Hilfe Moskaus Regie geführt haben. Denn in verschiedenen Hotels von Temeswar haben sich in jenen Tagen zahlreiche so genannte Inidividualtouristen aus der Sowjetunion aufgehalten, die auch im Umfeld des Dissidentenpfarrers Tökés aufgetreten sein sollen.

Die These, nur der Volksaufstand habe Ceauşescu gestürzt, gilt unter Fachleuten ohnehin als zweifelhaft. Nach ihrer Ansicht hätte die Securitate einen solchen Aufstand niederschlagen können. Nur die Tatsache, dass die Securitate Teil der Verschwörung war, führte zum Sieg der Verschwörer. Jetzt aber beansprucht Präsident Ilicscu, gewissermaßen von den Volksmassen an die Macht getragen worden zu sein. Die wirkliche Geschichte vom Sturz Ceauşescu's, so scheint es, muss erst noch geschrieben werden.

(28.08.1990)

ERSTER JAHRESTAG DER REVOLUTION
Trauer und offene Fragen

Laute Proteste und stumme Trauer bestimmten die offiziellen Feiern zum Jahrestag der Revolution in Rumänien. Präsident Iliescu, die Regierung und das Parlament ehrten die Opfer des Umsturzes mit einer Kranzniederlegung vor dem Fernsehgebäude in Bukarest, das vor einem Jahr das heiß umkämpfte Zentrum des Widerstandes war.

In zahlreichen Städten hatten die örtlichen Behörden Gedenkveranstaltungen angesetzt. Oppositionelle Demonstranten nutzten die Feiern, um den Rücktritt von Präsident Iliescu und der Regierung zu fordern.

Das rumänische Militär, dessen Rolle beim Umsturz immer noch nicht geklärt ist, beansprucht jetzt offiziell den Titel „Träger der Revolution". Zum heutigen Jahrestag wurden Denkmäler eingeweiht, die namentlich den Soldaten gewidmet sind, die während der Unruhen vor einem Jahr getötet wurden. In Temeswar, dem Ausgangsort der Revolution, halten die Proteste und Streiks gegen die Regierung in Bukarest weiter an. Doch von einer Erschütterung der Macht, wie sie von einigen radikalen Oppositionellen für den heutigen Tag angestrebt wurde, kann nicht die Rede sein.

Nicht nur von der Opposition, sondern auch aufseiten der regierenden Front wird immer noch Aufklärung verlangt über einen entscheidenden Vorgang, der sich vor Jahresfrist abgespielt hat:

Wer gab den Befehl zum Weiterschießen, nachdem Ceaușescu bereits auf seiner Flucht gefangengenommen war. Die dadurch ausgelöste Verwirrung wird heute so interpretiert, als habe sich dadurch Ion Iliescu mit dem alten Apparat die Macht erschleichen können.

Ein Jahr nach der Revolution ist die Lage in Rumänien widersprüchlich. Die rumänische Opposition, von der keine Partei mehr als sieben Prozent der Abgeordneten im Parlament stellt, wird in ihrer Wirkungskraft im Westen deutlich überschätzt. Die Versorgungslage ist dürftig, aber nicht mehr so dramatisch schlecht wie vor einem Jahr.

Entscheidender als der politische Widerstand auf der Straße ist die Verweigerungshaltung der Rumänen in den Betrieben. Die Arbeitsproduktivität ist weiter gesunken. Die Bevölkerung wartet darauf, dass sich per Dekret und nicht durch eigenes Engagement ihre Lage verbessert.

(22.12.1990)

RUMÄNIEN HEUTE

Ein Ausblick

Seit dem Ende des kommunistischen Regimes in Rumänien ist die Bevölkerung von 23,3 Millionen (1989) auf 18,8 Millionen (2019) geschrumpft. Verantwortlich dafür ist hauptsächlich die anhaltende Migration aus Rumänien wie sie auch typisch ist für andere mittelost- und südosteuropäische Staaten nach dem Regimewechsel. Rein rechnerisch verlassen pro Tag mehr als 400 Personen Rumänien, um in einem anderen Land bessere Lebensbedingungen zu finden. Das hat sich seit dem Beitritt Rumäniens zur Europäischen Union 2007 beschleunigt.

Darüber hinaus haben bis 1999 nach amtlicher Statistik 428.666 Rumäniendeutsche das Land Richtung Bundesrepublik verlassen, von denen 226.654 durch Zahlung der Bundesregierung an den rumänischen Staat noch vor dem Sturz von Ceaușescu freigekauft worden waren. Der relativ kleine Restbestand von Rumäniendeutschen ist allerdings kulturell bestens organisiert und wird durch ein Demokratisches Forum der Deutschen in Rumänien vertreten, das mit der Revolution 1989 gegründet wurde.

In Deutschland sind die Rumäniendeutschen insbesondere durch ihre Literatur kulturell präsent, besonders seit Herta Müller (geb. 1953) im Jahr 2009 den Nobelpreis für Literatur erhielt. Sie übersiedelte 1987 aus Rumänien in die Bundesrepublik, beschäftigt sich aber in ihrem

Werk überwiegend mit den Folgen totalitärer Herrschaft in Rumänien.

Auch der Liedermacher Peter Maffay (geb. 1949) kam als Sohn einer rumäniendeutschen Mutter und eines ungarndeutschen Vaters 1963 in die Bundesrepublik. Er engagiert sich sozial in Rumänien und betreibt in seiner alten Heimat mit einer eigenen Stiftung ein therapeutisches Kinderferienhaus.

In der Außen- und Sicherheitspolitik ist Rumänien seit 2004 durch seine NATO-Mitgliedschaft bestimmt und hat an zahlreichen NATO-Missionen in Bosnien-Herzegowina und Kosovo teilgenommen. Aufgrund einer strategischen Partnerschaft mit den USA unterstützt die rumänische Armee auch US-Einsätze in Afghanistan und dem Irak.

Innenpolitisch hat Rumänien mehrere Krisen durchlaufen. Sie waren durch harte Sparmaßnahmen und Korruption einerseits sowie durch politische Machtkämpfe zwischen Parteien und dem Versuch, die Unabhängigkeit von Justiz und Geheimdienst einzuschränken, andererseits bedingt.

Auf dem Demokratieindex des *The Economist* lag Rumänien 2017 von 167 Positionen auf Platz 64, hinter den Reformstaaten Kroatien (58), Ungarn (56), Polen (53), Bulgarien (47) und der Slowakei (44).

Rumänien zählt zu den Nettoempfängern in der EU. 2018 erhielt das Land 3,4 Milliarden Euro Fördergeld, das nach dem Ausbau der Infrastruktur nun zum großen Teil zum Aufbau neuer Technologien genutzt wird. Dadurch ist in Rumänien ein Hightech-Boom entstanden, der auch von vielen amerikanischen Firmen genutzt wird. Außerdem plant Rumänien den Export von akademischen Ausbildungseinrichtungen und zählt zu den beliebten Ausweichmöglichkeiten innerhalb der EU, um in einem osteuropäischen Land Medizin zu studieren.

Gleichwohl bleibt das Stadt-Land-Gefälle offensichtlich. Ferner wird das Land wegen des Umgangs mit der Korruption und wegen schwankender Rechtssicherheit innerhalb der EU immer noch als Problemfall angesehen. Im Rückblick kann man heute sogar wieder – auch von jungen Menschen, die keine Berührung mit der Zeit von Ceausescu hatten – Lobendes über die Zeit des Sozialismus und die Zeit des diktatorischen Ehepaares hören. Angeblich sei damals alles besser und gerechter gewesen. Wirtschafts-, Technologie- und Finanztransfer aus der Europäischen Union wird zuweilen als moderne Form der Bereicherung durch die neue politische Klasse unterstellt. Statt Vertrauen in demokratische Prozesse und den Aufbau des Staates zu haben, suchen viele junge Menschen ihr Glück in der Migration.

Der Volksaufstand in Temeswar in Briefzeugnissen

Ein Rückblick

Von Peter Weber

Am Samstag, dem 16. Dezember 1989, brachte die *Neue Banater Zeitung*, Organ des Kreiskomitees der RKP und des Kreisvolksrates Timiş, auf Seite 1 einen langen Leitartikel mit dem Titel

„Im Sinne der Weisungen des Genossen Nicolae Ceauşescu und der Dokumente des XIV. Parteitags: Unentwegte Entwicklung des Vaterlandes".

Es war der Tag, an dem in Temeswar der Volksaufstand gegen den „Conducător" (Führer) Nicolae Ceauşescu, das „Genie der Karpaten", den „Titan der Titanen", wie er sich nennen ließ, begann. Die Revolte weitete sich binnen weniger Tage auf das ganze Land aus. In einem blutigen Aufstand befreite sich Rumänien von seiner brutalen kommunistischen Diktatur und entledigte sich des verhassten Diktatorenpaares Nicolae und Elena Ceauşescu.

Der Funke von Temeswar entfacht eine Riesenflamme

Mein Cousin Peter Kihm (1921- 2004) lebte damals in Temeswar und wurde Zeuge der Unruhen, Demonstrationen und blutigen Kämpfe, die die Stadt ab dem 16. Dezember 1989 heimsuchten. Er wohnte mit seiner Frau im Tipografilor-Viertel, in einem Wohnblock in der Strada Iaşi, ca. 250 Meter nördlich des Temescher Kreisinspektorats des Innenministeriums am Boulevard Leontin Sălăjan, in dem die Miliz und der Staatssicherheitsdienst Securitate untergebracht waren. Auch das Passamt befand sich in diesem Gebäude, das heute als Sitz des Polizeiinspektorats des Kreises Temesch dient.

Peter Kihm versah die Titelseite der genannten Zeitungsausgabe, die er mir später zuschickte, mit flüchtigen Notizen:

Neue Banater Zeitung vom 16. Dezember 1989

„An diesem Tag begann die Revolution in Temeschburg – Timișoara. Die ganze Stadt ist auf den Füßen. Mit dem Sonnenuntergang ging das Feuer auf. Keine Angst, Gott ist mit uns!!! PS: Von diesem Tage an konnte man nicht mehr bei Nacht schlafen. Die Leute sind ständig auf der Straße, am Opernplatz, unter freiem Himmel mit schönem Wetter!   [Sie skandieren:]

,Wir weichen nicht!' Weber

,Nieder mit Ceaușescu!'

,Wir wollen Brot für [unsere] Kinder!'

,Wir wollen Freiheit und Gerechtigkeit!'

In dieser Nacht wurde noch nicht geschossen. Nur [mit] Gummiknüppeln und Hackenstielen schlagen sie ein auf die Leute. In dem Gemenge gab es Messerstiche in den Unterleib von beiden Seiten!"

Am Dienstag, dem 19. Dezember 1989, berichtete die *Süddeutsche Zeitung* (SZ) erstmals über die Entwicklungen in Rumänien:

„In den Städten Timişoara (Temeswar) und Arad nahe der ungarischen Grenze ist es am Wochenende zu heftigen Protestdemonstrationen mit mehreren tausend Teilnehmern gegen Staats- und Parteichef Nicolae Ceauşescu und dessen kommunistisches Regime gekommen. Unbestätigten Berichten zufolge soll es Hunderte von Toten und Verletzten gegeben haben."

Auslöser der Unruhen seien Proteste gegen die drohende Strafversetzung des damals in Temeswar lebenden regimekritischen evangelisch-reformierten Pastors László Tőkés.

„Rumänien steht offenbar unter Kriegsrecht" titelt die *SZ* am darauffolgenden Tag und weist auf die unklare Lage nach den Massenprotesten hin. Nach Augenzeugenberichten seien „Hunderte von Menschen" in Temeswar getötet worden. Die Zeitung zitiert den damaligen bayerischen Landesvorsitzenden der Landsmannschaft der Banater Schwaben Peter Krier, der nach Telefongesprächen mit Bekannten in Temeswar die Berichte über Schießereien in der Stadt und die Gerüchte über eine hohe Zahl von Toten bestätigt habe.

Nachdem der in Temeswar entzündete Funke einen Flächenbrand ausgelöst hatte und die Proteste auf die Hauptstadt Bukarest übergriffen, stürmten Demonstranten am 22. Dezember das Gebäude des Zentralkomitees.

Ceauşescu ergriff die Flucht. Das Diktatorenpaar wurde bald darauf festgenommen und am 25. Dezember nach einem kurzen Schauprozess vor einem Militärtribunal hingerichtet. Im staatlichen Fernsehen verkündete der Schriftsteller Mircea Dinescu am 22. Dezember, die Revolution habe gesiegt, das Land sei endlich frei. Die Front der Nationalen Rettung mit Ion Iliescu, einem bei Ceauşescu in Ungnade gefallenen Parteifunktionär an der Spitze, übernahm die Macht.

Die Ereignisse überschlugen sich förmlich. In dieser Situation rief die Landsmannschaft der Banater Schwaben zu einer großen Kundgebung auf mit dem Ziel, die Solidarität mit den Kämpfenden und die Trauer um die zahllosen Opfer des Volksaufstandes zu bekunden. Auf dem Flugblatt war zu lesen:

„Ein Volk erhebt sich. Was lange unmöglich schien, ist jetzt wahr: In vielen Städten Rumäniens demonstriert das Volk; in Temeschburg kämpfen Rumänen, Deutsche und Ungarn verzweifelt gegen ein unmenschliches Regime! Aus Solidarität mit den Kämpfenden, in tiefer Trauer um die Toten [bitten wir], zur Kundgebung eine Kerze mitzubringen."

Dem Aufruf zur Kundgebung, die am 23. Dezember auf dem Münchner Odeonsplatz stattfand, schlossen sich die Landsmannschaften der Siebenbürger Sachsen und der Sathmarer Schwaben, der Bund der Vertriebenen und die Paneuropa-Union an. Zusammen mit meinem Bruder Hans ging auch ich zu der Kundgebung, an der laut „Banater Post" vom 5. Januar 1990 über 5000 Menschen teilnahmen.

Peter Kihm hatte seit den 1950er Jahren brieflichen

Kontakt mit uns gehalten. Seine Mutter war eine Schwester meines Vaters, meine Eltern waren seine Taufpaten. Am Neujahrstag 1990 schrieb ich ihm einen Brief mit der Frage, ob seiner Familie etwas zugestoßen sei.

Ich erwähnte, dass ich mich früher öfter mit Bekannten aus Siebenbürgen über den „Maisbrei, der nur blubbert, aber nicht explodiert", unterhalten habe und dass wir nicht glauben konnten, was zu hören und im Fernsehen bei Televiziunea Româna Liberă zu sehen war. Besonders die Bilder aus Temeswar mit den ausgegrabenen Leichen der Gefolterten und die erschossenen Kinder hätten uns sehr betrübt gemacht.

Ich bat ihn um aktuelle Zeitungen und um einen Stadtplan von Temeswar, falls er einen findet, mit der Angabe seiner Wohnung und um Fotos, auch von seinen Kindern und Enkeln. Mein Cousin hatte zwei verheiratete Töchter, die ebenfalls in Temeswar wohnten.

Viele Menschen einfach niedergeschossen

Am 4. Januar 1990 erhielt meine Mutter einen Brief von ihrem Neffen aus Temeswar (der von mir war bei ihm noch nicht angekommen), in dem dieser schildert, wie er und seine Familie die Ereignisse in Temeswar erlebt haben:

„Wir sind gesund. Ab heute geht die Post bei uns normal, es ist alles soweit wieder in Ordnung und man schießt nicht mehr auf die Menschen auf der Straße aus den Hochhäusern. Gerade hier bei uns, da wir das Kreisamt der Polizei und vom ehemaligen Sicherheitsdienst hatten. Man hatte viele Menschen auf der Straße einfach niedergeschossen, besonders am 23., 24. und 25. XII. waren Terroristen am Werk (...). So hatten wir in diesen 3 Tagen Ausgangssperre.

Wir konnten nicht auf die Straße und die Fenster waren zugestellt mit Brettern und Schränken, man bewegte sich wie die Mäuse von einem Zimmer ins andere! Ja, was soll man sagen, man lebte von Stunde zu Stunde, um zu erwarten, wie das weitergehen soll. Eine Nachbarin hatte einen Bauchschuss, man konnte sie nur mit einem gepanzerten Wagen ins Spital fahren. So wie Du, liebe Godi, hatte ich ja doch auch eine Portion Krieg in Russland mitgemacht, aber dieses hier war was viel anderes, schrecklich und äußerst gefährlich. Es war nur wichtig, das zu überleben und abwarten bis zum Ende dieser Menschenjagd!

Ja! Wir hatten Eure Liebesgaben, das Paket, wie von Gott geleitet in den richtigen Tagen erhalten. Wir haben alles richtig aufgeteilt und ein jeder hat seinen Teil bekommen. Alle waren froh und danken Euch nochmals für alles aus ganzem Herzen.

Wir hatten uns immer Brot bis auf 5 Tage voraus gekauft und im Ofen aufgebacken, so kamen wir auch damit über die Tage vom 16.XI. bis 28.XII. Heute haben wir eine andere Zeit und hoffen, dass wir auch in Zukunft ein Stück Fleisch in der Schüssel haben an Sonn- und Feiertagen. Für heute so viel, ich bin noch nicht in Ordnung, die Aufregung war zu groß, aber es wird schon alles wieder gut."

Bei dem Datum 16. XI. – richtig muss es 16. XII. heißen – handelt es sich offensichtlich um einen Fehler, der vermutlich seiner Aufregung geschuldet war. Ganz in der Nähe seiner Wohnung, auf der Nordseite des Boulevards Leontin Sălăjan, gegenüber der Kreisinspektion des Innenministeriums, wohnten viele Angehörige des rumänischen Militärs, der Miliz und der Securitate in Hochhäusern. Die Spuren der Schießereien im Dezember 1989 kann man noch heute an den Hauswänden und ganz oben an den Gebäuden sehen, die Schilder mit den alten Straßennamen sind ebenfalls noch vorhanden. Die Strada Iaşi wurde später in Strada Martir Miroslav Todorov, der Boulevard Leontin Sălăjan in Boulevard Take Ionescu umbenannt.

Der nächste Brief folgte mit Datum 28. Januar. Darin heißt es unter anderem:

„Und nun zur Sache. Ja, am 16/17ten [Dezember] da explodierte der Malai-Brei und zu der Zeit hatte ich den Brief an dich beim Postamt bei mir aufgegeben. Er hat die Sache nicht überlebt, denn das Postamt ging in dieser Nacht in Flammen auf und brannte ganz aus. Zum Schreiben kam ich nicht mehr. Hatte ehrlich gesagt keine Nerven dazu. Es zieht einen immer wieder auf die Straßen. [...] Ich hoffe, dass meine 4 Briefe Dich mit den Zeitschriften erreicht haben, damit Du alles auch von hier sehen kannst und was diese Bilder von hier mit den Toten anbelangt, die sind echt. Ich war am Friedhof sie zu sehen, diese Frau mit dem ungeborenen Kind auf sich liegend begraben – man hatte alle wieder ausgegraben, sogar mit den Händen scharrte man die Toten, die in Nylonsäcken waren, raus und zog sie zur Erdoberfläche. – Ja, ja das kann man nicht erzählen. Wenn ich noch an diese Erinnerung denke, dann gehen meine Nerven durch.

Sehe bitte diese Zeitungen durch und lese alles gut nach und so denke ich, dass Du alles glauben kannst, was man Euch gezeigt [hat] an Bildern im Fernsehen. Neulich war ein jugoslawisches und französisches Team zusammen hier, das bei allen Zusammenstößen dabei war. Im Nachbarland wurde auch alles ausgestrahlt. Es gab auf dieser Welt noch nicht so ein Morden – Du weißt ja, ich hatte den ganzen 2. Weltkrieg mitgemacht und zuletzt war ich noch in Budapest eingekesselt, 3 Monate, fast verhungert, aber solche Sachen gab es in dieser Zeit nicht, auch nicht in Polen oder der Tschechei. Das hier war einmalig in unserer Zeit! Und doch gibt es heute keine Ruhe bei uns (...). Es gibt noch viele, die untergetaucht sind hier von der Securitate, die sich rächen wollen, da sie gesucht sind, um sie zu verurteilen. Keine Zukunft und Ruhe im Untergrund! – Wenn ich

*dazu komme, dann bekommst Du sofort einen [Stadtplan] mit allen
Aufzeichnungen von der Revolution. [...]"*

Noch keine Ruhe im Land eingekehrt

Mein Cousin nummeriert alle seine Briefe, nicht nur jene,
die er an mich schickt, um sie nachverfolgen zu können.
Mit Datum 9. Februar kommt Brief Nr. 45 bei mir an:
*„Mit großer Freude [habe ich] von Dir einen Brief empfangen, der
mich ein wenig überrascht hatte, da ich noch nicht auf Deinen Brief
vom 01.01. geantwortet habe. [...] Du meinst, meine Briefe sind
rasch bei Dir. Ja, es sind ja nicht so viele Kilometer für die heutige
Zeit und die Securisten sitzen ja nicht mehr darauf, um zu beweisen,
dass sie viel Arbeit haben."*
Bezüglich des von mir erbetenen Stadtplans lässt er mich
wissen:
*„Und nun zum Stadtplan (...). Das ist alles in Ordnung, nur ist
ein Großteil unserer Buchhandlungen ausgebrannt und somit kann
man sich keinen besorgen, aber wenn es die Möglichkeit gibt oder
eine Autokarte zu finden ist, dann bekommst Du sie."*
 Auch auf meine Bitte, mir aktuelle Zeitungen zukommen
zu lassen, geht er ein:
*„Vorerst sind meine Briefe ganz überfüllt [dick], sodass die Post
etwas schief drauf sieht, aber es geht schon bis jetzt. Ich hatte den
letzten Brief an [Deine] Mutter gesandt mit einer Zeitschrift von den
Deutschen aus dem Banat, die man nach dem Bărăgan verschleppt
hatte. Es gab so manche schweren Situationen, die für viele verhäng-
nisvoll waren. Die Zeitung hatte ich für Dich gedacht. [...] Hoffe,
dass auch die Zeitung mit den Mörder-Bildern bei Dir angekommen
ist."*
 Bei den erwähnten Zeitungsartikeln, alle aus der *Neuen
Banater Zeitung*, die sich jetzt „Demokratische Tageszeitung in Rumänien" nannte, handelte es sich zum einen um

mehrere Beiträge zum Thema „Ein leidvolles Erlebnis der Banater Schwaben: Die Verschleppung auf den Baragan", erschienen in der Ausgabe vom 6. Februar 1990, und zum anderen um Seite 3 der Ausgabe vom 3./4. Februar 1990, die Fotos von 16 angeklagten Securisten und Milizionären zeigt. Unter ihnen an zweiter Stelle jenes von „Nicolae Căpraru, Mitarbeiter der gewesenen Miliz, unseren Landsleuten als ‚der Gärtner' bekannt". Peter Kihm notiert noch darunter: „Blumen-Mann (Millionär)".

Auf der Anklagebank: Securisten und Milizionäre

Emil Macri, gewesener Generalmajor, Direktor der Direktion für Kontrainformation in den Wirtschaftssektoren im Departement für Staatssicherheit

Căpraru Nicolae, Mitarbeiter der gewesenen Miliz, unseren Landsleuten als „der Gärtner" bekannt

Ioan Corpodeanu, gewesener Oberstleutnant, Stellvertreter des Chefs der Kreismiliz

Ion Pelcsen, gewesener Oberst, Chefinspektor des Kreisinspektorats des Innenministeriums

Im Brief vom 27. Februar schickt er mir einen Stadtplan von 1980, der mir einen Überblick über die örtlichen Verhältnisse verschafft. Dabei fällt mir ein, dass ich im

August 1962 schon einmal in diesem Passamt am Boulevard Leontin Sălăjan gewesen sein muss, mein Vater und
ich hatten uns damals bei der Miliz als Besucher aus dem
Ausland zu melden.

Seinem Brief vom 28. Februar legte er einen weiteren Zei-
tungsausschnitt aus der *NBZ* vom 20. Februar bei mit der
Überschrift: „Ilie Matei, der Häscher von Temeswar: ‚Einen Wagen für sieben Koffer!'" Darin berichtet der 27-
jährige Gheorghe Sîntămarean, Arbeiter der Temeswarer
HWG „Prestarea", über das brutale Vorgehen des Militärs
gegen Demonstranten vor der Kathedrale und in der
Văcărescu-Straße. Ein Auszug daraus:

„In jenen Tagen war ich überall dort, wo man in Temeswar gegen die Diktatur protestierte. Am Dienstag,
dem 19. Dezember, war ich inmitten einer kleineren
Gruppe in der Văcărescu-Straße, als plötzlich Panzerwagen mit Militär erschienen. Wir versuchten zu flüchten, in
einen Hof einzudringen, doch die Soldaten kamen uns zuvor. ‚Hände hoch', hieß der Befehl. Man warf uns nieder
und kontrollierte uns. ‚Wer den Kopf hebt, der kriegt eine
Kugel', herrschte man uns an. In ihrer Mitte befand sich
Ilie Matei[2], der ehemalige von den Temeswarern so ge-
hasste Parteiführer des Kreises Temesch. ‚Einen Wagen
für sieben Koffer' hörte ich ihn befehlen.

Was sollte das? Dann verstanden wir endlich mit Ent-
setzen, dass wir, die sieben Unglücklichen, mit dem Wort
Koffer gemeint waren. O Gott! Während der Fahrt be-
drohte man uns ständig mit dem Tod. Man schlug mit
Knüppeln und Gewehrkolben auf uns ein. [...] Im Innen-
hof der Securitate begannen sie wieder uns zu prügeln. [...]

---

[2] s.a. in der Liste der "Mitglieder des Politischen Exekutivkomitees
des ZK der RKP" S. 31 unten links

Im Gefängnis hatte ich Glück, ich wurde nicht mehr geschlagen oder gefoltert. Bis Mittwoch, gegen 23 Uhr, als man mich freiließ, konnte ich oft die Schreie und dumpfen Schläge aus allen Richtungen hören."

Wenige Tage später, am 4. März, schickte mir mein Cousin ein Blatt aus der *NBZ* vom Vortag, es informierte über den Prozessbeginn in Temeswar „gegen 21 Schwerverbrecher", alles Securitate- und Miliz-Offiziere, die wegen „Komplizität am Genozid und Begünstigung der Kapitalverbrechen" angeklagt worden waren.

Volksaufstand forderte
1166 Todesopfer landesweit

Die Dezember-Ereignisse in Rumänien, von einigen Volksaufstand, von anderen Revolution genannt, forderten eine hohe Zahl an Todesopfern. Laut „Dicţionarul General al Revoluţiei Române din Decembrie 1989" (Allgemeine Enzyklopädie der Rumänischen Revolution vom Dezember 1989, Bukarest 2010) belief sich die Zahl der Todesopfer im ganzen Land auf 1166. Davon kamen 271 Menschen in der Zeit vom 17. bis 22. Dezember ums Leben, 716 starben zwischen dem 23. und 25. Dezember, weitere 113 in der Zeit danach. Bei 66 Personen konnte das genaue Sterbedatum nicht ermittelt werden. Die meisten kamen also erst nach der Flucht Ceauşescus ums Leben. Anders verhielt es sich in Temeswar, wo die Zahl der Todesopfer mit 122 angegeben wird. Davon starben 88 Menschen in der Zeit bis zum Sturz Ceauşescus (22. Dezember) und 30 danach; bei vier Todesopfern ist das Sterbedatum nicht bekannt.

Was die Massengräber auf dem Armenfriedhof in Temeswar anbelangt, muss vermerkt werden, dass dort zweimal nicht identifizierte Leichen gefunden worden waren, zunächst Ende Dezember. Diese waren anscheinend vor den Kämpfen eines natürlichen Todes gestorben. Diese Leichen, darunter eine Frau mit einem Kind auf dem Bauch, wurden von einem jugoslawischen Journalisten fotografiert und galten irrtümlich als Beweis für die Verbrechen der Securitate. Anfang Januar fand man erneut 13 Leichen mit deutlich erkennbaren Schusswunden, die am 27. Dezember in einem Massengrab beigesetzt worden waren, da sie nicht identifiziert und infolgedessen den Angehörigen nicht übergeben werden konnten. In diesem Zusammenhang soll noch Erwähnung finden, dass auf Anordnung der Securitate aus dem Temeswarer Kreiskrankenhaus um die 40 Leichen von getöteten Demonstranten am Morgen des 19. Dezember nach Bukarest gebracht wurden, um sie im Krematorium „Cenușa" einzuäschern.

Kein Vertrauen mehr:
„Raus aus diesem Land hier"

Für die Deutschen in Rumänien stellte sich nach dem Sturz des kommunistischen Regimes die Frage: Gehen oder Bleiben? Auch mein Cousin Peter Kihm und die Familien seiner beiden Töchter waren damals mit dieser Frage konfrontiert. Und sie entschieden sich relativ schnell, das Land zu verlassen. Die Entscheidung fiel bereits Ende Januar, wie aus dem am 28. jenes Monats verschickten Brief hervorgeht:

„Vorerst möchte ich Dir sagen, dass es uns an nichts fehlt. Du

wirst es verstehen, dass wir nicht diese Leute sind, die auf die Straße gingen wegen Hungersnot. Nein, wir sind sehr ökonomisch eingestellt und sorgten schon immer für den nächsten Tag. (...) sparsame und eifrige Schwiegersöhne sorgten immer wieder etwas für die Zukunft vor, denn sie hatten durch ihre Arbeitsstellen gute Verbindungen hier in der Stadt und im Dorf. Also, ich muss Dir sagen, für uns gibt es nur noch eins: Raus aus dem Laden hier, denn wir sind nicht mehr erwünscht in diesem Land. Wir sind nun wegen der guten Gelegenheit daran, unsere Ausreisepapiere einzugeben und von hier zu verschwinden. Also wegzugehen. Irgendwohin. Denn hier kann man keinem mehr trauen. Ceaușescu hatte man begraben und sein Freund Iliescu wurde geboren – dasselbe von Rot in Grün, keine ernsten Hoffnungen hier in diesem Sauladen, alles umsonst, die viele Hilfe von auswärts. Für wen und warum? Der eine ist tot und der andere lebt!"

In dem Schreiben vom 9. Februar äußert er die Hoffnung:
„Keine Sorgen, es ist bald soweit: In 4-6 Monaten sind wir vielleicht beisammen, wenn alles gut geht."

Am 28. Februar bittet er um eine Gefälligkeit:
„Ich möchte wissen, ob ich Euch meine Papiere schicken darf. Das heißt, es sind Kopien vom Arbeitsbuch, Geburtsscheine, Trauscheine, Pensionsschein und anderes zum Aufbewahren, die wir wahrscheinlich so noch brauchen dort [in Deutschland]. Und an welche Anschrift. Somit habe ich auch 15 Briefe schon vorbereitet zum Abschicken (...)."

Einige Tage später, am 4. März, dankt er für die von mir zugeschickte Übersicht seiner Briefe und bittet,
„oben links die Nummer von jedem Brief [zu notieren], damit ich mich besser orientieren kann und feststellen kann, ob meine Wertpapiere alle so richtig ankommen und alle bei Euch eintreffen."

Des Weiteren teilt er mit, dass unser Paket noch nicht angekommen sei. Von den Paketen

„nimmt [man] uns nichts mehr ab und alles bekommen wir, so wie es ankommt, und wir sind ja dafür unsere 3 Familien, so dass wir zum Aufteilen haben".

Auf die Paketsendung geht mein Cousin erneut in seinem Brief vom 23. März ein. Er berichtet, dass täglich etwa 5000 Paketsendungen aus aller Welt hier ankämen.

„(...) die Abfertigung ist nicht mehr als höchstens 1000 Stück, man arbeitet hier auch mit dem Militär und Studenten sind täglich im Einsatz, so dass wenigstens (...) 20 Waggons dastehen und warten müssen für das Umladen, denn alle Pakete aus dem Westen kommen zum Großteil durch Temeswar und werden hier sortiert in andere Richtungen".

Es werde somit noch ein bis zwei Monate dauern, bis das Paket ankommt. Da ich in einem meiner Briefe den Inhalt des Pakets beschrieben hatte, bedankte sich mein Cousin im Voraus für „die vielen und guten Sachen", darunter auch solche, „die man hier schon lange nicht mehr kennt".

Bedenkliche innenpolitische Entwicklungen

In demselben Schreiben kommt er auch auf die Ausreise zu sprechen: Man sei im Besitz der RU-Nummer und die Akten seien „nun schon in Bukarest zum Bearbeiten, so dass alles gut läuft, hoffentlich". Ganz kurz geht er auch auf die aktuelle Lage im Land ein:

„(...) hier ist noch keine Ruhe, die Ungarn wollen Anschluss [an den Staat Ungarn]. Sie wollen keine Rumänen sein."

Kihm bezieht sich dabei auf die ethnischen Ausschreitungen in Târgu Mureş (ungarisch: Marosvásárhely, deutsch Neumarkt am Mieresch), die fünf Todesopfer und fast 300 Verletzte forderten. Die Ausschreitungen fanden Beachtung in den Medien rund um den Globus. Auch die *Süddeutsche Zeitung* berichtete am 21. März darüber (Christoph von Marschall: Ein altes Trauma führt zu neuer Gewalt).

Mit 26. März kommen drei Kopien von Dokumenten und die Ankündigung von weiteren neun Briefen mit insgesamt 27 Kopien an. Peter bittet mich, alle Inhalte zu bestätigen, wenn ich sie erhalten habe. Am 14. April meldet er dann den Erhalt meines Paketes:

„So ja! Das heißt man ein Schreibzeug. Einen schönen Dank! Das macht Spaß. Also das goldige Paket ist einfach toll. Das nennt man hier ein Schmuckstück. Auch die beim Postamt sagten, dass [es] denn so etwas [gibt]! Nein, hier niemals! Also nochmals einen schönen Dank (...).“

Er kündigt vier weitere Briefe „mit anderen Akten über unser gewesenes Privateigentum" an, für den Fall, dass diese noch gebraucht werden können.

Mit Datum 2. Mai kommt sein Brief mit der Nummer 154 an. Er betreibt also, neben unserem persönlichen Kontakt, eine breitgefächerte Korrespondenz. Sowohl auf die Ausreise-Angelegenheit als auch auf aktuelle politisch-gesellschaftliche Entwicklungen im Land kommt er darin zurück. Man sei schon ganz nervös, weil die Ausreiseanträge schon vor drei Monaten gestellt worden seien und demnächst die Abholung der Pässe erfolgen werde. Dem Brief legte er einen von H. Vastag gezeichneten Artikel aus der *NBZ* mit dem Titel „Nur weg, so schnell wie möglich" bei. Der Autor berichtet vom Protest Hunderter Menschen vor dem Passamt bei der Kreispolizei, die ihre Ausreisegesuche schon vor dem 30. Januar 1990 eingereicht und noch keine Antwort erhalten haben. (Laut Regierungsbeschluss sollten Gesuche für Ausreisepässe in neunzig Tagen erledigt werden.)

Andere hingegen, die im Februar oder gar März ihre Eingabe machten, seien schon nicht mehr im Land. Die Demonstranten hätten den Verkehr auf dem Boulevard Leontin Sălăjan blockiert und Losungen wie „Lügner!", „Schweine!", „Wir wollen Pässe!" gerufen. 150 Ausreisewillige hätten angekündigt, in Hungerstreik zu treten. Peter notiert auf dem Ausschnitt:

„So geht es nun bei uns [zu] und dasselbe in Bukarest vor der deutschen Botschaft, [über] Tage und Nächte. Wo das alles noch hinführt, weiß Gott. Es gibt kein Vertrauen mehr."

Er teilt noch mit, dass sie 30000 Lei für 500 Mark getauscht hätten, „was wahrscheinlich [in Zukunft] nicht mehr möglich sein wird, denn hier ist der Tausch gewaltig gestiegen", weil man zur Einreise nach Jugoslawien ebenfalls Valuta brauche.

Zu den aktuellen Entwicklungen in Rumänien schreibt er, dass es hier wieder um die Freiheit gehe.

„80000 Menschen sind wieder auf den Beinen, denn Iliescu ist [ein] großer Kommunist und das gibt noch einen Krach in der Bude hier! Schon 10 Tage steht man da über Nacht und Tag, mit Sprechchören und Losungen."

Kihm bezieht sich auf die großen Demonstrationen auf dem Bukarester Universitätsplatz, die am 22. April begonnen hatten. Zehntausende protestierten gegen die wendekommunistischen Herrscher, ehemalige Parteikader und Geheimdienstoffiziere, die ihre Macht nicht abgeben wollten. Die Front der Nationalen Rettung unter Ion Iliescu hatte sich zum Sammelbecken für den ehemaligen Apparat der Diktatur entwickelt. Auf dem Universitätsplatz hatte ein buntes Lager aus Gegnern der Iliescu-Front eine „Neokommunismus-freie Zone" ausgerufen. Im Brief Nummer 173 vom 20. Mai schildert Peter, dass sie immer wieder Besuche von Ausreisewilligen erhielten:

„Das heißt, es verkehren viele Leute vom Dorf bei uns, besonders an den Tagen, wenn es die Pässe gibt. Dienstag und Freitag haben wir immer Landsleute, die schon mit dem ersten Zug eintreffen und bei uns gastieren. Was soll man machen, musst ihnen doch die Tür aufmachen, nur bei uns ist [die] Zeit noch nicht so weit damit wir eingeladen werden zum Passamt. Aber [wir sind] schon ganz nahe an unserem Datum.“ Dann fügt er noch hinzu: *„Also heute werden wir wählen gehen, aber ohne Hoffnung auf ein gutes Ergebnis!“*

Seine Befürchtung sollte sich bestätigen: Ion Iliescu wurde mit überwältigender Mehrheit zum Staatspräsidenten gewählt, er erhielt 85 Prozent der Stimmen. Seine FSN (Frontul Salvării Naţionale) vereinte zwei Drittel der Stimmen sowohl bei den Wahlen zur Abgeordnetenkammer als auch bei jenen zum Senat. Die schlecht organisierte und durch Gräuelpropaganda verunglimpfte Opposition hatte nicht den Hauch einer Chance bei diesen Wahlen.

Die Ausreise rückt immer näher

Am 6. Juni erwähnt Peter die in die Briefe eingelegten „blauen Scheine“, d.h. die Hundert-DM-Scheine, die er gegen Lei eingetauscht hatte.

Er verwendete dabei Postkarten, auf deren Rückseite er kunstvoll ein passendes Blatt so aufgeklebt hatte, dass eine Tasche entstand, die er zuklebte, nachdem er die Geldscheine eingeschoben hatte:

„Es ist wieder eine Karte mit Inhalt. Bitte sammele für mich die blauen Scheine. [...] Hoffentlich fällt es nicht auf.“

Auf die Scheine und die politische Situation geht er wieder am 17. Juni ein:

„Es freut mich, dass meine Briefe alle so gut eintreffen. Hoffe, dass

auch meine Briefe mit den doppelten Karten so ankommen, denn in jeder Karte sind 2 Hunderter drinnen. Ja, Du meinst, wir haben die Schnauze voll hier. Wie soll es nur anders sein bei einem Bürgerkrieg, so wie er hier vor sich geht! Denn wir sind terrorisiert (...) hier, das musst Du miterleben, wie das so alles vor sich geht."

Und weiter unten kommt er nochmal darauf zurück:

„Du hast bestimmt gehört, wie die Kommunisten wieder die Leute auf der Straße niederschlagen, Iliescu-Ceauşescu."

Nachdem die Ordnungskräfte am 13. Juni versucht hatten, den Universitätsplatz zu räumen, jedoch die Kontrolle über die Situation verloren, trafen am Morgen des 14. Juni Tausende Bergarbeiter aus dem Schiltal ein. Bereits zweimal, im Januar und im Februar 1990, waren sie gegen antikommunistische Demonstranten und gegen Oppositionsparteien in Bukarest vorgegangen. Nun sollten sie erneut für Ruhe sorgen.

Die Bergarbeiter schlugen auf die Demonstranten ein, attackierten auf offener Straße Personen, die sie für Regierungsgegner hielten, und verwüsteten die Zentralen der beiden größten Oppositionsparteien. Zusätzlich kam es zu pogromartigen Ausschreitungen gegenüber Roma. Bei den Kämpfen kamen sechs Menschen ums Leben, hunderte wurden verletzt.

In der Zwischenzeit hatten mein Cousin wie auch die Familien seiner beiden Töchter die Ausreisepässe erhalten. Am 21. Juni kommt sein letztes Schreiben an, in dem er mitteilt:

„Wir waren gestern am 20.VI. in Arad mit dem Wagen beim Zollamt zum Verzollen unserer Sachen und haben 3 Kisten auf der Bahn Richtung Nürnberg aufgegeben."

Anfang Juli 1990 erfolgt dann die Ausreise.

Peter Kihm und seine Familie kehrten zurück in das

Land, aus dem sein Urahn Johann Kihm aus Ormesweiler in Lothringen und dessen Ehefrau Barbara Diener aus Bischmisheim bei Saarbrücken mit fünf Kindern 1785 zu der langen und beschwerlichen Reise ins Banat aufgebrochen waren. Johann Kihm erreichte am 20. April 1785 mit seiner Familie Gertianosch und wurde am 11. Juni 1785 im Haus Nr. 117 sesshaft. Er verstarb einige Wochen später am 3. Juli 1785. Seine Frau Barbara heiratete in zweiter Ehe am 22. Februar 1787 Andreas Frank und bekam weitere fünf Kinder.

Erstveröffentlichung in: Banater Post Nr. 23-24 (15. Dezember 2019) unter dem Titel *Der Volksaufstand in Temeswar in Briefzeugnissen. Bleiben oder Gehen: Peter Kihm aus Temeswar entscheidet sich schon im Januar 1990 für Letzteres.* Nachdruck mit freundlicher Genehmigung von Autor und Verlag.

Peter Weber, geb. 1949 in Gassau in Niederbayern. Sohn einer Flüchtlingsfamilie aus dem rumänischen Banat. Studierte Maschinenbau in München. Berufsleben in Forschung und Entwicklung in der Automobilindustrie. Co-Autor des Buches *Kindheit, Krieg und neue Heimat* (Banater Bibliothek 17, 2018) in dem er die Erinnerungen seines älteren Bruders mit Informationen aus Archiven und wissenschaftlichen Veröffentlichungen begleitet und ergänzt.

Ebenfalls bei BoD:

Johannes Grotzky
Fremde Nachbarn
Der Osten und Südosten Europas
Ende des 20. Jahrhunderts
264 Seiten
ISBN978383910346

Johannes Grotzky
Tschernobyl
Die Katastrophe, Zeitgenössische Berichte,
Kommentare, Rückblicke
188 Seiten
ISBN 9783752804140

Johannes Grotzky
Schachmatt
Michail Gorbatschow
und die letzten Jahre der Sowjetunion
296 Seiten
ISBN 9783749446728